# LA CONTAGION SACRÉE, OU *HISTOIRE NATURELLE* DE LA SUPERSTITION.

Ouvrage traduit de l'Anglois.

*Prima mali labes.*

TOME SECOND.

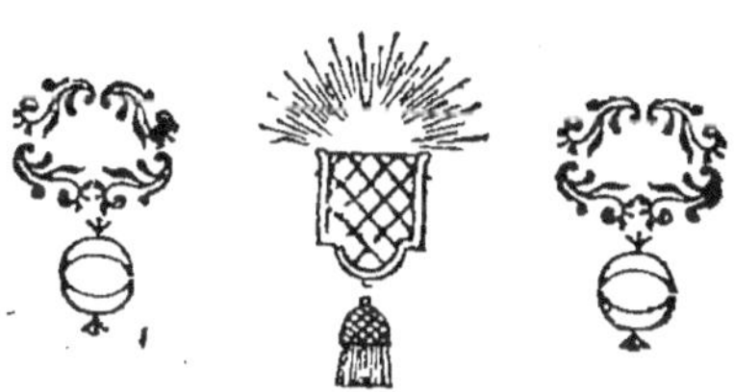

LONDRES

MDCCLXVIII.

# TABLE DES CHAPITRES.

## TOME SECOND.

## CHAPITRE XIII.



## CHAPITRE XIV.



## CHAPITRE XV.

HISTOIRE

# HISTOIRE NATURELLE DE LA SUPERSTITION,

## CHAPITRE IX.

*De la Tolérance ; elle est incompatible avec les principes fondamentaux de toute Religion.*

Il n'est, sans doute, personne qui ne soit indigné ou affligé à la vue des effets terribles que nous venons de rapporter, & qui ne soit obligé de convenir de la réalité des maux qui furent les suites des opinions religieuses des hommes ; on nous dira, peut-être, que ce n'est point à la Religion elle-même, mais à l'abus de la Religion, que sont dus les excès dont nous avons parlé ; on prétendra que l'abus des choses les plus utiles peut devenir nuisible,

& que c'eſt aux paſſions des hommes que l'on doit attribuer les fureurs dont la Religion ne fut que le prétexte.

Je réponds que c'eſt dans les principes de la Religion même, dans le Dieu qui lui ſert de baſe, dans les idées funeſtes que le genre humain s'en eſt faites, qu'il faut chercher la ſource des malheurs qui n'en furent & qui n'en ſeront jamais que des ſuites néceſſaires. Les hommes qui, comme on l'a déja remarqué précédemment, éprouvent alternativement des biens & des maux dans leur exiſtence actuelle, & font honneur à la Divinité de tout ce qui leur arrive dans ce monde, ne peuvent, quelqu'effort qu'ils faſſent, lui attribuer une bonté permanente; dès qu'ils ſouffrent, ils doivent la craindre; & dès qu'ils la craignent ils doivent la ſuppoſer méchante, ou du moins ils ſont forcés de ſe défier de ſes diſpoſitions, tantôt bonnes, tantôt mauvaiſes pour eux. Un Dieu qui ſçait tout, qui peut tout, ſans la permiſſion duquel rien ne ſe fait ici-bas, ne peut être regardé comme invariablement bon. Le Dieu terrible doit toujours éclipſer dans l'eſprit des hommes le Dieu favorable. Le Dieu dangereux les occupera bien plus que le Dieu rempli de bonté dont ils n'ont rien à craindre; ainſi l'idée de Dieu réveillera néceſſairement le ſentiment de la frayeur ; ſentiment qui ſuppoſe de la méchanceté dans l'objet qui l'excite.

La Religion ramenera toujours les hommes à la crainte ; tout objet vague qui les fait trembler les occupera ſans relâche, fera fermenter leurs eſprits, excitera des diſputes entre eux, & les portera tôt ou tard à des extrémités. Toute Religion demande pour premier ſacrifice un renoncement total à la raiſon ; dès que les hommes ceſſent de prendre la raiſon pour guide dans l'examen de la choſe qu'ils croient la plus importante pour eux, ils n'auront garde d'être retenus par elle toutes les fois qu'il s'agira de la Religion ; ainſi leur conduite ne ſera jamais qu'une ſuite d'égaremens. Si Dieu eſt l'auteur de la Religion, elle doit commander à la nature-même ; elle doit lui impoſer ſilence lorſqu'elle aura la témérité de contredire ſes volontés, ou celles de ſes interpretes. Si c'eſt la volonté divine qui décide du juſte & de l'injuſte, Dieu eſt le maître de la vertu ; à ſa voix le crime peut devenir vertu & la vertu peut devenir crime. Voilà donc la morale ſubordonnée aux caprices des interpretes de la Divinité. Dieu eſt le premier Souverain des nations, il commande aux Rois mêmes, il régle le sort des Empires; ainsi la Politique doit être soumise à la Religion; les intérêts passagers & temporels des Gouvernemens ne sont point faits pour balancer un instant les intérêts de la Divinité, & de ses Ministres, chargés d'apprendre ses intentions aux hommes. La nature, la raison, la morale, la vertu, le bien-être des Etats sont donc faits pour céder à la Religion, qui, émanée de l'arbitre souverain des hommes & des choses, doit nécessairement triompher de tout ce qui s'opposeroit à ses vues.

Toutes ces notions sont des Corollaires tirés des premiers principes sur lesquels toute Religion est fondée. D'où l'on voit que les hommes sont inconséquens toutes les fois qu'ils démentent par leur conduite le systême d'après lequel ils partent; il ne leur est point permis de déroger à leurs principes, & lorsqu'ils s'écartent de la route nécessaire que la Religion leur trace, ils se rendent sans doute coupables envers Dieu. Lorsqu'ils voudront être conséquens, ils exécuteront sans répliquer les ordres qu'on leur donnera de la part du ciel, ils recevront avec docilité les passions qu'on voudra leur inspirer au nom de Dieu, ils détruiront indistinctement les ennemis de sa gloire, ils serviront les complots de ceux qui connoissent ses profonds desseins ; &, s'il le faut, ils porteront le trouble dans la société, ils risqueront de la dissoudre, lorsque Dieu demandera qu'on lui en fasse le sacrifice.

C'est donc aux principes mêmes de la Religion que nous devons attribuer les folies & les excès dont elle fut toujours la cause ; les hommes trompés sur la Divinité, tirerent de leurs principes les inductions les plus nuisibles à leur bonheur ici-bas ; leur conduite devint nécessairement une longue chaîne d'extravagances. La Religion, qu'il n'est jamais permis de contredire ou d'examiner, rendra toujours respectables aux peuples les fureurs des ambitieux, des enthousiastes & des fourbes qui mettront habilement sur le compte des Dieux les horreurs enfantées par leurs passions détestables. Quoi de plus odieux qu'un manteau toujours prêt à couvrir les forfaits les plus avérés ! quoi de plus légitime que de détruire des chimeres au nom desquelles la terre fut toujours désolée ! Si la raison reprenoit sur l'homme ses droits usurpés par l'erreur, ne sentiroit-il pas que tout ce qui par soi-même ou par ses suites nécessaires porte le trouble dans la société; tout ce qui bannit la concorde entre des êtres destinés à s'aimer, à se secourir mutuellement; tout ce qui leur fournit des prétextes pour se haïr, se tourmenter & s'égorger; enfin tout ce qui les asservit & les rend malheureux, ne peut être regardé que comme une invention funeste, une conspiration contre le genre humain, qui peut être légitimement attaquée, justement dénoncée, livrée à l'indignation & au mépris.

Une superstition qui aura pour objet de son culte un Dieu redoutable, perfide, cruel & sanguinaire, doit finir tôt ou tard par faire des fanatiques, des enthousiastes, des mélancoliques, des furieux; elle sera entre les mains des tyrans & des imposteurs une arme sûre pour ensanglanter le monde & pour le remplir de malheureux. Si des fourbes, détrompés d'une telle Religion, la font servir à leurs vues, si des ambitieux en font usage pour appuyer leur politique, si des ames vénales & intéressées trouvent en elle des moyens de contenter leur avarice; si des entêtés s'en servent pour venger leur orgueil, ils ne réussiroient jamais dans leurs indignes projets, si leurs passions n'étoient point secondées par des peuples stupides & dévots qui croient de bonne foi se rendre agréables à leur Dieu, en se prêtant aux crimes ordonnés par ses Ministres, ou utiles aux Tyrans qui commandent en son nom. Avec le cœur le plus droit & l'ame la plus honnête celui qui est pénétré de la crainte de son Dieu ne peut s'empêcher de haïr ceux que sa Religion lui désigne comme des ennemis de ce Dieu; si ce Dieu est un Monarque jaloux, il doit régner sans partage; s'il n'y a qu'une seule Religion qui lui plaise, il faut l'établir par-tout; quelqu'un s'oppose-t-il à ses progrès, il faut l'exterminer. Est-elle attaquée, il faut prendre son parti, il faut périr pour elle.

Tolérer une Religion c'est permettre un culte que l'on croit offensant pour son Dieu; c'est faire céder les intérêts de sa gloire à une politique humaine, abominable à ses yeux; rien dans le monde n'est plus important que Dieu, c'est de lui que dépend le sort des humains, l'essentiel est de lui plaire, il est assez puissant pour rendre les sociétés heureuses & florissantes sans le secours de l'homme; ne vaut-il pas mieux qu'un Etat soit languissant & dépeuplé, que de renfermer un grand nombre de citoyens infideles qui attireroient infailliblement sur lui la colere des Cieux?

Il faudra donc que les Princes, Lieutenans & Représentans de la Divinité, chargés de venger ses droits, défenseurs de sa Religion, s'arment du glaive pour extirper l'impiété & l'hérésie de leurs Etats; qu'ils bannissent, persécutent & détruisent ceux de leurs sujets que le Clergé leur dénoncera comme les ennemis de Dieu. S'ils négligeoient d'obéir a ses Ministres; si un Gouvernement trop doux refusoit de tremper ses mains dans le sang, si l'intérêt de l'Etat l'engageoit à demeurer neutre entre le ciel & la terre; enfin si les opinions du Prince étoient offensantes pour Dieu; dès-lors il seroit indigne de le représenter, & comme tel traité par le Clergé en impie, en rebelle, en tyran, peu fait pour commander à un Peuple fidele. (1)

Telles sont, & telles doivent être pour un esprit conséquent, les maximes d'une Religion fondée sur les oracles d'un Dieu partial, jaloux de sa gloire, qui veut régner sans partage; qui s'intéresse aux opinions des hommes; qui a cent fois ordonné le meurtre & les assassinats. Ceux qui en adoptant une pareille Religion suivent des maximes contraires, sont des raisonneurs

(1) Autrefois le Pape déclaroit *hérétiques* tous les Princes qui lui résistoient; dès-lors ils étoient déchus de la couronne, & les peuples absous du serment de fidélité.

peu conséquens, bien plus touchés des intérêts futiles de l'Etat, des préceptes d'une morale humaine, qui consultent plutôt la douceur de leur propre caractere, le cri de la nature, que les intérêts de la Religion, que les ordres de leur Dieu, que son caractere emporté : l'homme véritablement dévot doit nécessairement lui sacrifier toutes les autres considérations. Si ce Dieu est terrible, il est un prévaricateur, un insensé toutes les fois qu'il refuse de complaire à son atrocité. Sous un Dieu colere & méchant la tolérance est une lâcheté criminelle, c'est une véritable trahison.

Ainsi, que le Chrétien religieux étouffe le cri de la nature s'il veut être conséquent à ses principes. Envain se flatteroit-il de concilier la tolérance avec le Dieu terrible qu'il a reçu des Hébreux. Le Dieu qui n'a créé son premier pere que pour lui tendre un piège, n'est-il donc pas un Dieu dont il faut se défier? Le Dieu qui commanda le sacrifice de son fils unique à cet Abraham qu'il honora de son alliance, n'est-il pas un Dieu cruel? Le Dieu qui ne voulut s'appaiser que par la mort de son propre fils, n'est-il donc pas de tous les Dieux le plus implacable? Le Dieu de ce Moyse, dont le Christianisme révere les oracles, de ce Jephté qui facrifia fa fille, de ce cruel David qui fut *un homme felon fon cœur*, de ce Phinées & de ces Lévites qui furent choifis pour le fervir en récompenfe de leurs affaffinats, n'eft-il pas un Dieu furieux ? Le Dieu qui fe dit le Dieu *des armées* & des *vengeances*, qui ordonne d'exterminer les nations & leurs Divinités, qui fait nâger les villes des Cananéens dans le fang, qui veut que l'on maffacre les Rois, qui ordonne par fes Prophêtes de paffer les femmes, les vieillards & les enfans au fil de l'épée, eft-il donc un Dieu bien rempli de bonté? Enfin le Dieu qui veut que fes adorateurs pleurent, gémiffent, fe mortifient, & qui deftine à des flammes éternelles la plus grande partie de fes enfans, eft-il un pere bien tendre, un Dieu favorable? Non, le Dieu des Chrétiens eft un Dieu de fang; c'eft par le fang qu'il veut être appaifé; c'eft par des flots de fang qu'il faut défarmer fa fureur; c'eft dans le fang qu'il faut éteindre fon foudre allumé par les crimes de la terre; c'eft par des torrens de larmes qu'il faut laver fes iniquités; c'eft par des cruautés qu'il faut lui témoigner fon zêle; c'eft par la frénéfie qu'il faut lui prouver fa foumiffion. L'efprit du

Christianisme est un esprit desstructeur : son Dieu ordonna la destruction, ainsi que tout Chrétien détruise ses ennemis ; qu'il détruise son propre corps s'il veut lui plaire ; qu'il persécute, qu'il combatte, au risque de périr lui-même, & qu'il serve un Dieu vengeur qui récompensera son zêle, & qui puniroit son indifférence & sa tiédeur.

On ne manquera pas de nous dire que le Dieu des Chrétiens, si sévere autrefois, s'est radouci, depuis qu'il s'est réconcilié avec le genre humain par la mort de son fils ; que ses préceptes ont changé ; que si dans le tems de sa colere il exerça une justice rigoureuse, désarmé maintenant, il leur recommande l'humanité, la justice, la concorde & la paix. Ainsi donc c'est de la bouche d'un Dieu immuable que nous voyons sortir des ordres si contradictoires ; il condamne aujourd'hui ce qu'il prescrivit autrefois : d'après des volontés si discordantes quelle conduite faudra-t-il donc tenir ? Faut-il aimer ou assassiner ses ennemis ? N'est-il pas aujourd'hui comme alors également irrité des pensées & des actions des hommes ? Ses adorateurs ne sont-ils pas maintenant aussi intéressés qu'autrefois à lui montrer de l'affection & du zêle ? Sa cause doit-elle être à présent trahie, abandonnée, méprisée, &

ſi jamais elle eut beſoin du bras des hommes pour la défendre, pourquoi n'auroit-elle pas encore beſoin de leur ſecours? Sous un Dieu vindicatif peut-on avoir trop de zéle, le parti de la douceur ne ſeroit-il pas un parti dangereux? Quand même il l'auroit recommandée, peut-on ſuppoſer qu'il pût ſavoir mauvais gré à ceux qui tranſgreſſeront ſes ordres par un excès d'attachement pour lui?

C'eſt de la diverſité des commandemens que le même Dieu donna en différens tems, que réſulte la diverſité des opinions que les Chrétiens ont adoptées ſur la Tolérance; les uns, plus conſéquens ſans doute à leurs principes, veulent que l'on perſécute, que l'on tourmente, que l'on établiſſe la Religion & ſes dogmes par le feu, par le fer, par les ſupplices: d'autres veulent qu'on ſe contente de gémir en ſilence ſur les erreurs de ſes freres égarés, & qu'on remette au Tout-Puiſſant le ſoin de juger & de ſe venger lui-même. Les uns ne prêchent que le ſang & le carnage; les autres ſe contentent de haïr intérieurement ou de mépriſer ceux qui ne penſent point comme eux; car au fond il eſt impoſſible au dévot d'aimer ſincérement & ſon Dieu & ceux qui l'offenſent. Les uns préferent leur Dieu à la morale, à la vertu, au repos de l'Etat ; les autres le ſacrifient à la douceur des mœurs, à leur tempérament honnête, à la bonté de leur cœur, à l'équité naturelle, à l'intérêt des nations.

Si le bon ſens & la raiſon avoient à décider entre des opinions ſi contraires, les hommes ſauroient bientôt à quoi s'en tenir ; mais on ne les conſulte jamais dès qu'il s'agit de la Religion. Ainſi les adorateurs du même Dieu n'ont pu convenir juſqu'à préſent s'il étoit plus expédient & plus conforme à ſes vues de perſécuter que de tolérer ſes adverſaires : les deux partis admettent un Dieu terrible, mais qui ſe dit néanmoins le *Dieu de la paix* ; chacun des diſputans autoriſe ſon opinion par des preuves également fortes, par des exemples également déciſifs, par des ordres également formels ; au milieu de ces querelles les Chrétiens étonnés ne ſavent point encore s'ils doivent être bons ou méchans, cruels ou pacifiques, juſtes ou injuſtes, indulgens ou emportés. L'un participe avec joye au ſacrifice qu'on fait d'un hérétique que ſes inquiſiteurs ont condamné aux flammes ; il ne doute pas que ſon ſupplice ne ſoit un ſacrifice de bonne odeur, propre à lui attirer les faveurs du ciel ; l'autre détourne avec horreur ſes yeux de cette affreuſe tragédie, & voudroit arracher du bûcher le malheureux dont le crime eſt de s'être trompé.

Ne ſoyons point ſurpris de cette diſcordance dans les idées des ſuperſtitieux Chrétiens. Leur Dieu dans quelques circonſtances ordonna formellement le maſſacre, l'injuſtice, le crime & la vengeance; il approuva le vol, l'uſurpation, le meurtre, le Régicide: il voulut qu'on traitât avec la derniere barbarie tous ceux qui ne connoiſſoient ni ſon nom ni ſa Loi: Dans d'autres occaſions, ſes intérêts ayant changé, ce même Dieu recommanda la douceur, défendit la violence, ordonna la ſoumiſſion aux Puiſſances de la terre, modéra le zêle fougueux de ceux qui s'ingéroient de défendre ſa cauſe, ſe réſerva le ſoin de ſe venger, & voulut que ſes ſectateurs obſervaſſent les régles de l'humanité.

Comment régler ſa conduite ſur les volontés d'un Dieu ſi viſiblement en contradiction avec lui-même? Ne voit-on pas clairement que ces ordres oppoſés ont été les effets des intérêts, du tempérament, des paſſions, des circonſtances de ceux qui à différentes repriſes ont fait parler la Divinité? Ne ſent-on pas qu'ils ont consulté les dispositions, les besoins, les mœurs & les idées des peuples à qui ils annonçoient ses décrets? Si un Législateur cruel, assûré de son autorité sur un peuple de brigands & de voleurs, lui ordonna le meurtre & le carnage, un imposteur, dénué de forces, & de pouvoir, fut obligé d'annoncer un Dieu plus modéré, dans un pays où lui-même avoit besoin d'indulgence; il eût été extravagant, il eût révolté les esprits, s'il eût prêché l'intolérance. Moyse maître absolu de ses Israëlites sauvages, stupides & indigens, leur parloit selon leurs vues en leur disant d'exterminer & de piller; le Christ n'eût été qu'un insensé s'il eût tenu le même langage à une poignée de malheureux qui s'étoient attachés à lui. (2)

(2) Malgré l'esprit de modération & de douceur que les Chrétiens attribuent à Jésus-Christ, l'Evangile nous le montre quelquefois très-emporté & sous les traits d'un perturbateur du repos public. En disant ouvertement des injures aux Prêtres de son pays, & en chassant sans autorité les vendeurs du temple, il ne montra pas assurément cet esprit pacifique que ses disciples nous vantent. Il est évident que le Christ fut l'ennemi juré des Prêtres, de leurs autels, de leurs temples, de leurs sacrifices; & c'est précisément sous ces traits que nos Prêtres d'aujourd'hui nous dépeignent un impie & un citoyen dangereux. Si plusieurs passages de l'Evanglie des Chrétiens semblent recommander la tolérance, beaucoup d'autres ordonnent formellement la haine & la persécution. Jésus dit *qu'il est venu apporter le glaive;* qu'il est venu *séparer le fils d'avec son pere;* que *celui qui n'écoutera pas l'Eglise doit être re-*

Les Apôtres d'une Religion naissante & opprimée furent donc obligés de recommander la patience, la tolérance & la douceur; parvenue au pouvoir elle changea bientôt de ton; pour lors elle ne prêcha que vengeance, que fureur, & fit du monde entier un vaste cimetiere. La conduite ordonnée par la Religion dut changer avec les circonstances de ses Ministres; leur politique versatile fut forcée de s'accommoder aux tems; humble, rampante, facile dans l'origine, elle ne se permit d'élever sa tête & sa voix, de rendre ses sectateurs turbulens, de semer la discorde, de braver la puissance civile, de ravager la terre, que lorsqu'elle se sentit assez forte pour le faire impunément. Ce furent toujours les intérêts des guides spirituels des peuples qui réglerent leurs passions; ils rendirent à volonté leurs sectateurs doux ou emportés, patiens ou féroces, soumis ou rebelles, humains ou barbares, suivant que les circonstances l'exigeoient. Les Prêtres des Chrétiens ont de tout tems soumis les intérêts publics à leurs propres caprices, la morale à leurs fan-

*gardé comme un Payen & un Publicain.* S. Paul ordonne *d'éviter un hérétique comme un homme pervers.* S. Jean défend *de recevoir & de saluer un hérétique.* &c.

fantaisies, la conduite des hommes à leurs décisions; ils trouverent, quand ils voulurent, dans les oracles du ciel des raisons pour justifier les opinions les plus contraires; l'ambiguité & les contradictions de ces oracles les mirent toujours à portée de décider de la maniere qui leur convenoit le mieux; des ordres clairs & précis, des loix qui ne se contredisent point, des commandemens conformes à la raison n'ont pas besoin d'interpretes; c'est l'autorité qui explique & qui décide toutes les fois que la raison est forcée de se taire.

Malgré l'incertitude dans laquelle le langage de la Divinité & de ses Prêtres semble laisser le Chrétien sur le parti qu'il doit prendre dans les questions qui intéressent sa Religion, celui de la douceur, de l'indulgence, de la tolérance ne peut être le plus sûr; il le sentira s'il fait attention au caractere de son Dieu, & aux traits sous lesquels on le lui montre dans ses livres sacrés. Les adorateurs d'un Dieu qui punit les enfans des fautes de leurs peres; qui a cent fois ordonné ou approuvé des actions criminelles, qui a fait assassiner des Rois & détruire des nations entieres, dont les Prophêtes ont souvent fait massacrer des milliers d'hommes pour quelque offense ou transgreſſion; (3) les adorateurs, dis-je, d'un Dieu de ce caractere ne peuvent être *Tolérans*, & ſes Prêtres ne peuvent ſans le trahir ou ſans nuire à leur cauſe être ſincérement pacifiques & modérés; un Prêtre tolérant perdroit bientôt ſon empire; ſon intérêt exige que l'on égorge & que l'on perſécute; il faut uſer de violence pour inculquer des opinions abſurdes; la liberté de penſer ſera toujours funeſte au ſacerdoce. Envain lui dira-t-on que le Dieu qui s'eſt montré ſi terrible, ſi ſanguinaire, eſt devenu depuis plus humain & plus facile, l'idée de ſa férocité primitive eſt bien plus utile à des impoſteurs méchans que celle de ſa bonté ſubſéquente; cette idée eſt bien plus propre à troubler le cerveau du fanatique & du zêlé; ils ſe croiront donc forcés d'être cruels, ils juſtifieront leur barbarie par l'exemple de leur Dieu & des perſonnages révérés qui ont

(3) La Bible nous apprend que Moyſe (*qui étoit le plus doux des hommes*) fit égorger plus de quarante mille Iſraëlites, pour avoir déſobéi à ſes commandemens: la tribu de Lévi fut promue au ſacerdoce pour avoir exécuté ſes ordres ſanguinaires. Les Papes ont fait immoler à la Religion (c'eſt-à-dire à leur intérêt) des millions de Chrétiens. Les Eſpagnols & les Portugais traitoient les habitans des Indes comme des bêtes; les premiers ont, dit-on, maſſacré plus de vingt millions d'Américains. Les Mahométans n'ont point été moins féroces dans leurs conquêtes ordonnées par leur Prophête.

eu le bonheur de lui plaire; leurs Prêtres leur diront que la Divinité courroucée demande de grands ſacrifices; que ce qu'elle approuve dans un tems peut lui déplaire dans un autre; ils leur montreront dans des livres ſaints des révoltes, des aſſaſſinats & des ſoulevemens rapportés avec éloge, & leurs pieux ſectateurs croiront ces actions louables & permiſes toutes les fois que les intérêts du ciel l'exigeront. (4)

En un mot dès qu'on ſuppoſe un Dieu ſévere & cruel, la ſévérité & la cruauté doivent toujours l'emporter ſur la tolérance & la douceur; la perſécution eſt un devoir; & quel que ſoit le dommage que la politique en dût ſouffrir, le parti le plus ſûr ſera d'exterminer tous ceux qui déplai-

(4) Joſué extermina les peuples de Canaan; Ahod tua Eglon ſon Roi, à l'inſtigation de Samuel. David ſe ſouleva contre ſon maître. Les Prophêtes des Hébreux furent toujours des ſéditieux. Les Rois de Juda ne furent agréables à Dieu que quand ils furent des monſtres. Le Pape s'eſt arrogé le droit de dépoſer les ſouverains & de diſpenſer les ſujets du ferment de fidélité. Jaques Clément aſſaſſina Henri III. Roi de France. Henri IV. fut tué par un fanatique élevé par les Jéſuites, qui ont toujours prêché le régicide & la perſécution. Cette doctrine eſt très-conforme à l'eſprit du Chriſtianiſme; un Chrétien ne doit rien préférer à *la cauſe de Dieu*. Perſonne n'ignore que ce ſont les Jéſuites qui ont tramé parmi nous la *conſpiration des poudres*.

ſent à la Divinité. Son caractere moral ſuffit pour fixer les incertitudes du dévot; il n'y a que des indifférens, des lâches, des ſerviteurs peu attachés qui puiſſent conſentir à demeurer tranquiles ou permettre qu'on offenſe le Monarque céleſte. Auſſi voyons-nous preſque toujours que la Religion eut le pouvoir de diviſer les citoyens, de les mettre aux priſes, d'exciter des perſécutions, & de produire des ravages inouis. L'eſprit de paix ne put rien contre l'emportement des paſſions que le zêle fit éclore; le fanatiſme victorieux étouffa la voix de la nature, de l'humanité, de la politique; la douceur ne fut le partage que de quelques ames honnêtes, trop foibles pour arrêter la fougue des Tyrans, des Prêtres & des peuples forcenés. *Tolérant* ou *impie* furent preſque toujours des ſynonymes pour les Dévots & les Prêtres. Le partiſan de la douceur fut regardé comme un fauteur du crime; il n'oſa point montrer ſes ſentimens: odieux & pour le deſpotiſme & pour le ſacerdoce, il fut réduit à gémir en ſecret des maux de ſa patrie qu'il voyoit la victime d'un zêle deſtructeur ou d'une politique trop aveugle ou trop timide pour contenir les fureurs des Prêtres. Les Gouvernemens ſéduits par eux ou dans la crainte de leur déplaire, traiterent en ſujets rebelles tous ceux qui refuſoient de ſe conformer à leurs opinions ; & ſouvent la perſécution força les ſectaires de ſe ſoulever en effet contre une autorité cruelle qui leur faiſoit ſentir ſes coups, ſans jamais leur faire éprouver ſes bontés.

Il ne faut donc point s'étonner ſi nous ne voyons nulle part la Tolérance vraiment établie parmi les Chrétiens, ni même dans le monde entier. Par-tout la différence des Religions met une différence très-marquée entre les citoyens du même Etat : dans les pays mêmes qui ſe vantent d'être les plus libres & les plus dégagés du fanatiſme religieux, ſi l'on y permet l'exercice de quelques Religions différentes de celle qui domine ou de celle du Souverain, c'eſt toujours à regret, avec beaucoup de reſtrictions, & ceux qui les profeſſent ſont au moins haïs & mépriſés par les partiſans du culte dominant ; ils ſont exclus des places, des récompenſes & des graces ; ils ſont forcés de vivre inutiles à la ſociété, & les talens les plus éminens ne peuvent vaincre les obſtacles que la Religion oppoſe à leur avancement. Par-tout nous voyons les différens ſectaires ſe déteſter. Le nom ſeul de la Religion d'un homme diminue l'eſtime & l'affection de ſes concitoyens pour lui, & les Gouvernemens n'ont ni aſſez de ſageſſe ni aſſez de courage pour tenir une balance égale entre tous leurs ſujets: les ſectateurs de la Religion dominante ſemblent être les ſeuls enfans de l'Etat, la partialité que le Gouvernement a pour eux doit néceſſairement exciter l'envie, la jalouſie & la haine de ceux qu'il rejette ou qu'il exclut des faveurs; par cette politique ſtupide, l'Etat ſe remplit de ſujets, qui dès l'enfance apprennent à s'envier, à ſe mépriſer, à ſe regarder avec horreur, & qui ſe perſuadent que ceux qui ne penſent point comme eux ou qui ſuivent un culte différent ſont des êtres d'une eſpece différente de la leur. (5)

Par-tout la ſecte la plus puiſſante, (c'eſt-à-dire celle qui a pour elle le ſouverain & ſes cohortes,) écraſe, dédaigne & gêne toutes les autres, & le Gouvernement ſe

(5) En parcourant l'hiſtoire du monde l'on ne trouve une tolérance réelle établie qu'à la Chine, ſous la Dynaſtie des Princes de la race de Gengiskan; ces Princes admettoient dans leurs conſeils des Idolâtres, des Arméniens, des Juifs, des Mahométans & des ſectateurs de Confucius. La Religion ne ceſſera de cauſer des troubles dans les Etats que lorſque les Gouvernemens feront aſſez ſenſés pour ne pas plus inquiéter les citoyens ſur leur façon de penſer, que ſur les mêts qu'ils font ſervir ſur leurs tables.

régle ſur les opinions théologiques dans la conduite qu'il tient envers ſes ſujets; partout les Gouvernemens ne ſemblent travailler qu'à ſe faire des ennemis ſecrets de tous ceux qui ne penſent point comme eux. L'on ne peut être ſoldat ſi l'on ne ſouſcrit aux déciſions de la théologie; l'on ne peut être magiſtrat ni prendre part à l'adminiſtration publique, ni ſoutenir la puiſſance civile, ſi l'on n'eſt parfaitement ſoumis à la puiſſance ſacerdotale; l'on ne peut prétendre être récompenſé de ſes ſervices ſi l'on n'admet des formules, des articles de foi, des opinions imaginées par les ſpéculateurs qui ont fixé la croyance; l'on ne peut enſeigner les arts ou les ſciences les plus étrangeres à la Religion ſans avoir ſon attache. En un mot tous ceux qui n'adoptent point le ſyſtême dominant de l'Etat ou du Prince ſont comme des peſtiférés, que l'on ſéqueſtre des autres, de peur qu'ils ne les infectent de leur contagion. D'après ces notions ridicules la ſociété perd les ſecours & ſes droits ſur la tendreſſe d'un très-grand nombre de ſes enfans qui demeurent toujours comme des étrangers dans leur propre patrie.

Juſqu'à préſent le plus grand effort de la raiſon humaine & de la politique se borne à permettre à des sectes différentes de vivre dans la société; malgré cette prétendue tolérance ceux qui n'ont point la théologie du Prince ne laissent pas d'éprouver de continuels déboires, des injustices marquées, d'essuyer des préférences douloureuses, d'être sans cesse les victimes du mépris & de la partialité. C'est dans les principes du Christianisme même qu'il faut chercher la source d'une conduite si peu morale & si contraire au bien des Etats; tout homme assez vain pour se croire le favori de son Dieu doit mépriser tous ceux qui ne jouissent point d'un pareil avantage. Tout homme qui croit que son Dieu s'irrite des faux raisonnemens ou du culte des autres ne doit point les supporter; il doit se séparer d'avec eux, ou du moins il ne doit les souffrir que quand il ne peut faire autrement.

Les préjugés des peuples & la conduite des Gouvernemens envers les citoyens qui different de la Religion dominante, se mesurent toujours sur le crédit plus ou moins grand dont le Clergé jouit dans un pays. Toutes les fois que le sacerdoce a du credit, il tourmente, il persécute, il fait périr qui conque ne pense point comme lui; la politique forcée de se prêter à ses cruelles fantaisies n'a que le soin d'égorger pour lui.

Par-tout où le Prêtre domine, l'*orthodoxie*, c'eſt-à-dire la déférence aveugle pour ſes déciſions eſt la choſe la plus importante, l'omiſſion de ſes pratiques eſt une faute impardonnable; l'héréſie, ou la liberté de penſer ſont des crimes d'Etat; une parole indiſcrette contre la Religion, ou le refus de ſe conformer à ſes rites, ſont des forfaits dignes de mort. Nourri dans ces idées le peuple ne voit un hérétique qu'avec horreur; il le regarde comme un monſtre, il contemple ſes tourmens avec curioſité, & pouſſe ſa férocité dévote juſqu'à voir ſa mort avec édification; il applaudit à ſes bourreaux. En Eſpagne & en Portugal le jour deſtiné aux ſacrifices humains que l'Etat offre à ſon Dieu ou à ſes Prêtres, eſt un jour ſolemnel qui nourrit la dévotion d'un peuple empreſſé de prendre part à une fête ſi ſainte.

Il eſt très-difficile qu'une même Religion, profeſſée par des nations différentes, n'éprouve des altérations; ſi les Princes & les Etats ſont rivaux en politique, les Prêtres ſont rivaux en ſuperſtition; l'intérêt & l'orgueil perſuadent à chacun d'eux qu'ils ſont les ſeuls dépoſitaires d'une foi pure, & chaque peuple eſt convaincu que ſes guides ſont les meilleurs. Toutes les fectes modernes qui divifent & l'Europe & l'Afie nous montrent des exemples fans nombre de l'infociabilité religieufe. Le Mahométan fectateur d'Omar détefte le Perfan qui fuit la fecte d'Aly. Un Anglois méprife un François parce que celui-ci eft attaché à bien des dogmes que le premier a jugés ridicules ; le François à fon tour méprife l'Efpagnol & le Portugais qui ne trouvent rien de plus naturel que de brûler tous ceux qui n'ont pas une foi auffi implicite que la leur. La Religion plus encore que les bornes des Etats fépare leurs habitans ; l'indifférence totale pour la Religion eft un pas effentiel pour rendre les nations plus humaines & fociables.

Parmi les artifices dont la politique facerdotale s'eft de tout tems fervie pour conferver fon empire fur fes efclaves, le plus adroit fut de leur rendre odieux les fectateurs des autres Religions, de rompre toute communication fociale avec eux; de leur interdire toute alliance, toute liaifon avec des hommes qu'elle leur fit regarder comme des ennemis, des méchans, des profcrits. Le peuple fe perfuade même que fon Dieu attache quelque figne de réprobation à quiconque ne le fert point à fa maniere ; il a de la peine à regarder un

Hérétique, un Idolâtre, un Juif comme un homme ordinaire; les Prêtres ſavent très-bien que la converſation familiere & le commerce de la vie pourroient déſabuſer leurs diſciples, & leur montreroient que cet homme, qu'ils regardent comme odieux, a pourtant ſouvent des vertus & mérite leur eſtime; ces découvertes ſeroient, ſans doute, nuiſibles au ſacerdoce, dont l'intérêt fut toujours de ſéparer ſon troupeau de celui de ſes rivaux, & d'élever entre ſes eſclaves & ceux des autres un mur de ſéparation. De-là toutes les déclamations contre la tolérance; de-là ces loix ſi barbares, ces uſages ſi choquans que nous voyons établis dans un grand nombre de pays contre les infortunés que la Religion rejette. Le véritable intérêt du Prêtre eſt que l'on traite comme un animal immonde & nuiſible, tout homme qui a le malheur de n'être pas de ſon avis; la Religion rendra toujours les hommes inſociables. (6) L'intérêt du ſacerdoce veut

(6) Les Hébreux dans les tems les plus reculés n'admettoient à leur table que ceux qu'ils admettoient à leurs autels. *Voyez Généſe chap. XLIII. vs.* 32. L'intolérance eſt fort ancienne dans le monde. St. Jérôme nous apprend que ſuivant les traditions Judaïques le Patriarche Abraham penſa être brûlé pour avoir refuſé de reconnoître la Divinité du feu adoré par les Chaldéens, dont il avoit quitté le culte. *V. Hieronymi traditiones in Geneſim* 11, 28, 32. Les Juifs appelloient le temple de Samarie, le

que tous ceux qui ne lui ſont pas ſoumis ſoient comptés pour des ennemis de l'Etat; le peuple ignorant ne pourra jamais conſentir à montrer de l'amitié à des êtres que ſa Religion condamne; & le Gouvernement ne peut, ſans attirer ſur lui & ſur ſa nation le courroux céleſte, tolérer les ennemis du Dieu auquel il eſt ſoumis lui-même.

Cela ſuffit pour nous faire ſentir la futilité de la diſtinction que l'on fait de la *Tolérance religieuſe* & de la *Tolérance civile ou politique*; la premiere eſt impoſſible; elle ſeroit incompatible avec tout ſyſtême religieux, que chacun n'admet que parce-qu'il le ſuppoſe plus agréable à Dieu que tous les autres. Elle ſuppoſeroit que la

*Temple du fumier* & quelque fois *ſichar*, le menſonge. Les Samaritains de leur côté appelloient le temple de Jéruſalem *Domus ſtercoris*. Plus les ſectes ont de rapports & plus elles ſe haïſſent; ce ſont alors des parens qui ſe déteſtent. La grande haine des Chrétiens contre les Juifs vient, ſans doute, de ce qu'ils ont enlevé le Dieu de ces derniers, qui ſont le plus à portée de convaincre leur Religion de fauſſeté. Il eſt beaucoup de pays en Europe où l'on maltraite les Juifs & où on leur fait payer le même péage qu'à des pourceaux. Ces Juifs étoient ſi peu ſociables que Juvenal dit d'eux :

*Non monſtrare viam eadem niſi ſacra colenti,*
*Quæſitum ad fontem ſolos deducere Verpos.*

V. SATYR. XIV.

Divinité n'a point fait connoître ses volontés aux hommes, & qu'elle voit d'un œil égal tous les cultes qu'on lui rend; ce qui n'accommoderoit point la vanité du Clergé qui veut seul avoir rencontré juste. Enfin la Tolérance religieuse ne s'accorderoit point avec ses intérêts; il veut que ses sujets spirituels pour être soumis & réunis ayent une même croyance ou la même crédulité & ne puissent jamais briser aucuns des chaînons qui les attachent à lui. L'unité d'aveuglement ou l'accord dans la démence sont nécessaires à une multitude que l'on veut asservir & retenir facilement sous le joug.

La Tolérance civile n'est gueres plus possible. Quand bien même le sacerdoce consentiroit à s'y prêter (ce que l'on ne doit point espérer) le souverain n'est-il pas sous l'empire de son Dieu? Lui seroit-il permis de temporiser avec ses ennemis? Ne se rendroit-il pas coupable d'une indifférence criminelle s'il trahissoit les intérêts de sa Religion? Ne doit-il pas s'occuper du bonheur, du salut éternel de ses sujets? Leur permettra-t-il de s'égarer & de se perdre à jamais? Ne doit-il pas se servir de son autorité pour les forcer de rentrer dans la bonne voie, & de sauver leurs ames bien plus importantes que leurs corps? Ne doit-il pas uſer, s'il le faut, d'une *cruauté ſalutaire* pour les obliger de ſe rendre dignes du plus grand des biens? (7) Ainſi le Gouvernement, s'il eſt pénétré de l'amour de Dieu & des vérités de ſa Religion, ne peut jamais conſentir à tolérer l'héréſie, à conniver à l'impiété, à permettre que ſes ſujets ſe damnent. Auſſi voyons-nous par-tout que l'intolérance religieuſe entraîne néceſſairement l'intolérance civile: celui que la Religion proſcrit ne jouit nulle part de tous les avantages du citoyen.

Je le répete donc, l'hiſtoire religieuſe du genre humain nous montre toujours un eſprit d'intolérance & de perſécution dans toutes les ſuperſtitions du monde. Dans l'antiquité la plus reculée nous voyons les partiſans de différens Dieux ennemis les uns des autres. Sans nous arrêter à ces Hébreux dont les ordres exprès de leur Dieu jaloux ou de leurs Prophêtes firent des monſtres de cruauté & des fléaux pour

(7) Les Gouvernemens qui tyranniſent les conſciences couvrent leur infamie du prétexte de *l'intérêt qu'ils prennent au ſalut des ames*. On pourroit leur dire de ne point s'inquiéter des *ames*, qui ſeront toujours très-bien, quand les *corps* ſeront contens. Les Princes ſont chargés du ſoin de rendre leurs ſujets heureux en ce monde, c'eſt l'affaire de chacun des citoyens de chercher les moyens d'être heureux dans l'autre.

leurs voisins, nous voyons des guerres sacrées en Egypte entre les adorateurs des Dieux divers de cette contrée si fertile en superstitions. (8) Le Perse qui adoroit *Oromaze* sous l'emblême du feu sacré, fut l'ennemi des Dieux des Grecs & des Egyptiens, & détruisit par zêle tous les temples & les idoles des contrées où il porta ses armes victorieuses. Si les Polythéistes n'eurent point pour l'odinaire un zêle aussi amer que les adorateurs d'un seul Dieu, cependant la Religion mit quelquefois le trouble entre eux; le temple de Delphes pillé occasionna, comme on sçait, parmi les Grecs la guerre qui fut nommée *sacrée*. Si le desir de faire des prosélytes ou d'acquérir de nouveaux sujets à son Dieu fut l'ame de quelques Religions, par une façon différente d'envisager les choses, quelques peuples furent jaloux de leurs Dieux & de leurs cul-

(8) On prétend que Busiris, qui étoit un Tyran, dans la vue de diviser ses sujets & de les empêcher de se réunir contre lui, les rendit ennemis les uns des autres en leur donnant des Dieux différens ou différens emblêmes de la Divinité.

*Inde furor vulgo quod Numina vicinorum*
*Odit uterque locus, cum solos credat habendos*
*Esse Deos quos ipse colit.*

JUVENAL.

Un Chat tué par un Soldat Romain pensa causer une révolution en Egypte.

tes, & ne voulurent point, ou du moins difficilement en faire part aux étrangers. Tel paroît avoir été l'esprit de la Religion des Romains mêmes, qui ne permirent jamais qu'à des peuples alliés, amis, favorisés, de faire des offrandes à Jupiter *Capitolin.* Nous retrouvons le même esprit exclusif dans les Bramines de l'Indostan; ceux-ci regardent les étrangers comme indignes d'adorer leurs Divinités ou de participer à leurs bienfaits. D'où l'on voit que la Religion rend au moins orgueilleux, jaloux & dédaigneux ceux qu'elle ne rend point intolérans & cruels.

Quoi qu'il en soit de ces diversités, toute Religion, comme on l'a tant prouvé, eut toujours pour objet quelque Dieu cruel dont les Prêtres intéressés à faire trembler les mortels rendirent le culte effrayant, abominable; les Phéniciens, les Tyriens, les Carthaginois donnerent leurs propres enfans en repas à leur Dieu. Endurcies par la Religion, des femmes sont parvenues à vaincre la tendresse maternelle; elles assisterent à ces cruels sacrifices, qu'elles furent obligées de contempler d'un œil sec; elles entendirent sans émotion les cris de ces victimes arrachées de leurs mamelles. Nous voyons presque par-tout les af-

affreux Ministres des autels transformés en bourreaux, s'armer du couteau sacré & porter un œil curieux sur les entrailles palpitantes de l'homme. Loin de désabuser les peuples de ces rites abominables, ils se crurent intéressés à les entretenir dans une férocité sombre & à rendre la Religion terrible. Le culte de Diane, qui demandoit des victimes humaines, nous prouve que la Religion des Grecs, que l'on regarde communément comme remplie de gaieté, fut cruelle & sanguinaire, au moins dans son origine. (9) Nous trouvons que les Romains ont immolé des hommes dans les commencemens de la République. Chacun sait que les combats des gladiateurs étoient des usages sacrés. Si ces nations se départirent par la suite de ces usages détestables, c'est que peu-à-peu la raison força la Religion de prendre un ton plus doux. Les hommes, comme on

(9) C'est à l'occasion de ces cruautés religieuses que Lucrece s'écrie

*Tantum Relligio potuit suadere malorum !*

Au moins est-il certain que l'on pratiquoit des cérémonies cruelles & abominables dans les mysteres du Paganisme qui sont appellés Φρικτα Μυςηρια des *Mysteres horribles.* Je Magistrat fut souvent obligé de les abolir. On remarquera que les mysteres furent des folies innocentes, tant que le Magistrat civil y présida ; mais ils devinrent cruels & détestables quand les Prêtres en eurent la direction.

l'a si souvent répeté, puiserent communément dans le sein des malheurs leurs idées sur la Divinité; il fallut des siecles de prospérités ou le progrès très-lent de la raison humaine pour les rendre plus doux & moins religieux; mais de nouveaux malheurs renouvellerent souvent les idées noires qu'ils s'étoient formées de la Religion.

L'on ne peut présumer que des Religions souillées de pareilles abominations, fondées sur des Divinités si barbares, entretenues par des spectacles si révoltans, pussent être humaines, indulgentes, tolérantes: dès qu'on se suppose l'ouvrage d'un Dieu cruel, il faut lui ressembler, il faut le servir selon son goût, il faut lui immoler des hommes, il faut s'immoler soi-même. Les sacrifices d'Abraham, de Jephté & du Dieu des Chrétiens, & les horribles massacres des Nations de Canaan, supposent, comme on a dit, un Dieu aussi avide de sang, aussi cruel, aussi ennemi du genre humain, & peut-être même plus atroce que les Dieux farouches des Grecs, des Phéniciens, des Mexicains. Il n'est pas un Chrétien qui ne frémisse lorsqu'on lui parle du culte affreux de ces derniers, & qui ne s'efforce de disculper son Dieu des actions abominables qu'il a tant de fois ordonnées.

Toutes les fois qu'il s'agit de la Religion les hommes sont si aveugles que jamais ils ne s'appliquent à eux-mêmes les jugemens qu'ils portent sur la conduite des autres. Un Chrétien condamne aujourd'hui les Dieux barbares de l'Antiquité Payenne, les sacrifices qu'on leur faisoit ; il est saisi d'indignation contre ces Prêtres infames qui leur immoloient des hommes & qui entretenoient les peuples dans d'horribles superstitions dont la nature frémit ; mais ne s'apperçoit-il pas que par la même raison il devroit condamner son Dieu, à qui des Prêtres, également odieux, immolent aujourd'hui des hérétiques, au nom duquel ces mêmes Prêtres prêchent la guerre & le carnage, & que les Princes croyent servir en tourmentant leurs sujets ? Le même Chrétien qui a le front de blâmer le zêle destructeur du Musulman, qu'il voit le glaive & l'Alcoran à la main ravager & & l'Asie & l'Afrique, a-t-il donc le courage de blâmer ce Moyse, ce Josué, ce Gédéon qui au nom de *Jéhovah* vont piller & détruire des nations ? Est-il un Dieu dans les Religions anciennes ou modernes à qui l'on ait sacrifié en tout tems un plus grand nombre de victimes humaines qu'au Dieu des Juifs & des Chrétiens ? Le Dieu du Mexique lui-même fut-il jamais honoré de sacrifices aussi terribles que ceux qu'offrirent au leur les peuples de l'Europe, divisés pendant des siecles par les démêlés superstitieux des Papes & des Empereurs? (10) Chaque homme pardonne à son Dieu ou à ses Ministres les actions les plus noires, & les suppose exclusivement en droit de commettre des crimes. Telles sont les suites de l'aveuglement religieux, il suspend dans les hommes l'usage de leur jugement, il les empêche de voir dans leurs Religions, dans leurs usages, dans les choses mêmes qui se passent sous leurs yeux, des infamies & des horreurs qui les révolteroient s'ils n'étoient pas les dupes de leurs préjugés.

Tel spectateur s'attendrit jusqu'aux lar-

(10) Combien de millions d'hommes ont été égorgés en Europe, même depuis la réformation! Combien l'Eglise Romaine a-t-elle couté de sang à la France! Les François nos voisins malgré leur légéreté naturelle & leur politesse si vantée, ne furent ni moins cruels ni moins opiniâtres que des bêtes féroces toutes les fois qu'il fut question de la Religion. La façon dont ils en usent avec les Protestans nous prouve qu'en fait de fanatisme ils sont encore les mêmes que du tems de leurs guerres de Religion. La fameuse guerre de trente ans en Allemagne, terminée par la Paix de Westphalie, n'eut pour prétexte & pour cause que le zéle religieux servant de masque à l'ambition de la Maison d'Autriche, toujours unie d'intérêts avec les Prêtres & les Moines contre ses propres sujets & ceux de ses Voisins.

mes ou brûle d'indignation & de colere lorsqu'il voit au Théâtre la peinture des effets du fanatisme dans la Tragédie d'Iphigénie: il déteste l'imposteur Calchas, en voyant qu'il se sert du nom des Dieux pour forcer un pere tendre de consentir au sacrifice révoltant d'une fille chérie: ce même spectateur méconnoît les mêmes crimes dans le sacrifice d'Isaac ordonné par son Dieu; dans le sacrifice de Jésus-Christ exigé par ce même Dieu. Il ne fait point attention qu'il n'est point de tragédie qui présente des forfaits aussi grands que ceux que ses livres saints attribuent à un Moyse, un Josué, un Samuel, un David, une Judith, &c. Est-ce que la Religion change l'essence des choses? Est-ce que des noms changés font disparoître le crime? N'est-ce pas anéantir l'idée d'un Dieu que de supposer qu'il ait pu commander des infamies?

Cependant tous les Dieux furent toujours peints sous des traits abominables; tous les cultes furent lugubres & inhumains; toutes les Religions rendirent les hommes tristes & insociables; tous les Prêtres ont régné par la terreur, la violence & le crime. Plus les Ministres du Ciel eurent de crédit & de pouvoir, plus les peuples furent stupides & déraisonnables. Par-tout où le sacerdoce est le maître, les peuples & les Souverains sont intolérans; la liberté de penser est proscrite, la raison est étouffée, la science est bannie, la superstition triomphe des sentimens de la nature & du bonheur des Etats. Les nations qui se flattent de jouir de la tendresse de leur Dieu & qui donnent le plus de pouvoir à ses Prêtres ne sont pour l'ordinaire ni les plus riches, ni les plus peuplées, ni les plus puissantes, ni les plus fortunées. Dans ces contrées où le Prêtre insolent & le Cénobite inutile sont seuls opulens, récompensés, considérés; le reste des citoyens croupit dans l'inertie, dans l'engourdissement, dans la misere, & languit dans un abrutissement léthargique qui lui ôte le sentiment même de ses maux. Un découragement total s'empare des esprits; les talens, les arts, les sciences, enfans de la liberté, sont avilis & dégradés, ou n'ont de mobiles que ceux que la superstition leur donne. (11) L'agriculture, le commerce,

(11) Depuis quinze siecles nous ne voyons dans toute l'Europe d'autres monumens que des Eglises de mauvais goût, ornées de peintures hideuses & dégoûtantes; des Monasteres richement dotés pour nourrir des Moines fai-

l'induſtrie reçoivent des entraves continuelles. L'Etat eſt plongé dans une ſtagnation fatale ; le peuple dévotement ſe livre à la pareſſe, & ſe croit aſſez heureux d'avoir une foi pure & la faveur de ſon Dieu. Le Souverain lui-même eſt pauvre & débile, & le guerrier qui prodigue ſon ſang dans les combats, a la douleur de voir que le Prêtre qui leve ſes mains au ciel, ou que le fanatique qui trouble la ſociété, ſont mieux récompenſés qu'il ne l'eſt pour avoir défendu la patrie.

C'eſt ainſi que par les ſuites néceſſaires de l'intolérance, des perſécutions & du deſpotiſme temporel & ſpirituel, nous voyons des nations, autrefois reſpectables

néans ; des Univerſités rendues opulentes pour faire pulluler des Prêtres & des ſuperſtitieux. Dans les tems où les peuples furent les plus pauvres on trouva le ſecret d'élever des Cathédrales & des temples très-couteux. L'entretien de la Divinité fut toujours l'article le plus conſidérable de la dépenſe des nations. Que de millions ſont poſſédés en Italie, en Portugal, en Eſpagne, en France, en Allemagne par les plus inutiles & les plus méchans des hommes ! Notre Iſle elle-même n'eſt-elle pas dévorée par ces ſauterelles ? combien les nations ſeroient-elles floriſſantes, ſi elles euſſent employé en aqueducs, en canaux, à l'agriculture, au perfectionnement des arts utiles, les ſommes qu'elles ont inutilement dépenſées à nourrir des hommes oiſifs, à bâtir des Egliſes ſomptueuſes, à payer des Théologiens, à enrichir des Prêtres & des Moines ! On aſſure que l'Egliſe Cathédrale de Tolede poſſede un tréſor eſtimé cinq cens mille livres ſterlings. Notre-Dame de Lorette eſt, dit-on, plus riche encore.

& floriſſantes, preſque totalement anéanties, dépeuplées, engourdies. Les contrées de l'Europe, pour lesquelles la nature ſembloit avoir épuiſé ſes bienfaits, ſont incultes & languiſſantes, croupiſſent dans la miſere, gémiſſent ſous un double deſpotiſme, & chériſſent lâchement le joug d'une Religion qui les dévore. C'eſt elle en effet qui a, pour ainſi dire, anéanti le Midi de l'Europe, plus ſuperſtitieux que le Septentrion ; les deſcendans avilis des Romains & des fiers Ibériens, ſont aujourd'hui des eſclaves ſans courage, ſans activité, ſans mœurs. Par-tout où le ſacerdoce commande, les terres & les eſprits demeurent ſans culture, la vraie morale eſt ignorée, la liberté & la ſcience ſont bannies, l'induſtrie eſt gênée, le nerf des Etats s'affoiblit, & la nation tombe en décadence ; tout eſt forcé de céder à la ſuperſtition victorieuſe, à l'ignorance enracinée, à des préjugés invincibles, au deſpotiſme deſtructeur, à la pareſſe érigée en vertu.

Indépendamment de la ligue toujours ſubſiſtante que nous avons montrée entre le deſpotiſme & la ſuperſtition, la Tyrannie politique eſt néceſſaire à la Tyrannie religieuſe ; la premiere détruit le bien-être des peuples & les force d'être ſuperſtitieux; des nations heureuſes, abondantes, libres, inſtruites, éclairées négligeroient les Prêtres & leurs pratiques pour s'occuper d'objets utiles. C'eſt ſur un peuple malheureux que la Religion a le plus de pouvoir; le ſacerdoce eſt toujours ſûr que l'infortune & les calamités rameneront à ſes pieds des eſclaves que le bien-être rendroit audacieux & rebelles à ſes ordres. C'eſt ainſi que le deſpotiſme & la ſuperſtition ſe prêtent réciproquement les mains; ils s'uniſſent pour tout détruire; l'intolérance leur eſt néceſſaire, & la félicité des peuples ne peut réſiſter à leurs efforts réunis.

Ce qui vient d'être dit ſuffit pour faire voir que toute Religion eſt eſſentiellement intolérante par ſes principes & pour ſes intérêts; ainſi tant que l'on regardera le culte comme la choſe la plus importante, il faudra tout lui ſacrifier juſqu'à la proſpérité, à la puiſſance & au repos des Etats; le zêle ou l'attachement pour la Religion l'emportera ſur les régles de la politique & de la raiſon. Quand les peuples ſeront paiſibles & tolérans, ils ne devront leur tranquillité momentanée qu'à une heureuſe inconſéquence, ou à des intérêts préſens, qui leur feront perdre de vue des principes naturellement propres à les rendre féroces & cruels. Les intérêts de ce monde triompheront alors pour un tems de l'atrocité des Dieux; leurs Miniſtres ſéront forcés de ſe contenir, ou de ne point débiter des maximes contraires au bien public; l'Etat pourra jouir d'un repos paſſager jusqu'à ce que le fanatiſme, renaiſſant de ſes cendres, reprenne de nouvelles forces, ou que favoriſé par des circonſtances imprévues, il produiſe de nouveaux embraſemens. Le Prêtre n'eſt indulgent que quand il ne lui eſt point permis de perſécuter; dès qu'il ſe ſent en forces la cruauté ne lui coute rien, & il trouve que le crime eſt néceſſaire pour ſoutenir l'impoſture. (12)

Voilà les funeſtes avantages que la Religion a procurés & procurera toujours aux Gouvernemens & aux mœurs qu'elle ſe

(12) Pluſieurs de nos Théologiens ſe ſont depuis peu hautement déclarés pour la tolérance dans leurs écrits. Je ne les accuſe point de manquer de ſincérité, ou de chercher à faire leur cour, mais je les accuſe d'inconſéquence. Un Chrétien tolérant eſt un homme qui renonce à ſes principes; un Prêtre tolérant eſt un homme qui renoncé à ſes intérêts & qui trahit ſon corps. Pour ſe convaincre de cette vérité, l'on n'a qu'à faire attention aux clameurs que les écrits du ſçavant Docteur Hoadley ont excitées parmi ſes confreres du Clergé. S. Auguſtin s'étoit déclaré pour la tolérance, mais il changea bientôt d'avis. La liberté de l'examen eſt un article fondamental de la Religion Proteſtante, mais nos Prêtres Proteſtans perſécuteroient & brûleroient très-volontiers tous ceux qui d'après leur examen ne penſent pas comme eux.

vante de ſoutenir; utile pour un tems aux ſeuls Tyrans, elle nuit aux bons Princes & aux nations ; inquiette & turbulente elle produit continuellement des querelles; arrogante & préſomptueuſe elle ſe feroit un crime de céder à la raiſon. Toujours en délire, ſes ſectateurs seront toujours diſpoſés à ſe battre ſans ſçavoir pourquoi: toujours en contradiction avec eux-mêmes, ſes Prêtres, ſuivant leurs intérêts préſens, prêcheront la tolérance ou la perſécution, l'obéiſſance ou la révolte, la douceur ou les aſſaſſinats ; mais ſes principes mêmes ſont deſtructeurs ; ils ne ſont propres qu'à mettre en fermentation les eſprits & à cauſer des troubles; la Religion ſera toujours implacable, elle ne peut ſincérement pardonner à ſes ennemis; ſi elle fait une trève avec eux, elle ſe fera un devoir de la rompre toutes les fois qu'elle en aura l'occaſion, & la Divinité juſtifiera toujours ſes infractions & ſes crimes.

Que la raiſon, que la ſaine politique jugent après cela de la réalité des avantages qui peuvent réſulter des ſyſtêmes religieux. Eſt-il bien vrai que la Religion ou que les préjugés ſacrés ſoient néceſſaires au gouvernement des peuples? Eſt-il ſi avantageux de les tromper, de les aveugler, de leur cacher la vérité ? Eſt-il dangereux de les désabuser de ces chimeres qui sont pour eux une source de crimes, de combats & de fureurs? Seront-ils donc bien malheureux d'être délivrés des fers de ces Prêtres qui les asservissent à deux jougs également onéreux?

Les personnes de bonne foi reconnoîtront, sans doute, la vérité du tableau qui vient d'être tracé; elles avoueront que toutes les Religions imaginées jusqu'à présent & subsistantes aujourd'hui sont inutiles & dangereuses. Mais on nous demandera, peut-être, si la Religion, ayant une influence si marquée sur les hommes & se trouvant si propre à les pervertir, ne pourroit pas entre des mains habiles devenir un mobile très-puissant pour les porter à la vertu. On demandera si un Législateur plus honnête & plus éclairé que ceux qui jusqu'ici ont apporté des cultes aux nations, ne pourroit pas introduire un Dieu formé sur le modele d'un homme vraiment bon, équitable, rempli de sagesse. En un mot on demandera s'il ne seroit pas possible de présenter aux mortels une Religion vraiment utile, capable de les rendre bienfaisans, équitables, paisibles & vertueux?

Nous avons déjà en partie répondu à

cette queſtion. (13) Nous avons fait voir qu'en ſuppoſant qu'un Dieu colere eſt l'auteur de toutes choſes, il étoit impoſſible de lui attribuer une bienfaiſance, une ſageſſe, une équité, une prévoyance qui ne ſe démentent jamais. Ainſi ce Dieu ne ſera jamais un modele à propoſer aux hommes.

Nous ajouterons encore à cette réponſe que toute Religion eſt néceſſairement fondée ſur un Dieu qui s'irrite & qui s'appaiſe; en effet s'il n'étoit tantôt courroucé & tantôt favorable, quels rapports pourroit-on ſuppoſer entre les hommes & lui? A quoi ſerviroient les prieres, les cultes, les ſacrifices, les Prêtres, dans une Religion qui ſuppoſeroit un Dieu conſtamment propice? Il faut donc néceſſairement un Dieu colere dans toute Religion; il faut qu'on puiſſe l'appaiſer pour le ramener à la bonté. Cela poſé, ſa ſévérité n'en impoſera jamais qu'à l'homme de bien., dont ſouvent elle troublera le cerveau, tandis que ſa bonté raſſurera le méchant, qui comptera toujours pouvoir facilement l'appaiſer. La Religion étant l'ouvrage de l'imagination, ne peut jamais avoir de principes aſſurés, elle détruira toujours d'une

(13) V. chapitre I.

main ce qu'elle établira de l'autre; les expiations anéantiront dans les cœurs les effets de la crainte que pourroit y faire naître l'idée d'un Dieu févere.

D'ailleurs l'ignorance où les hommes feront toujours fur l'Effence divine, fera de la Divinité un vrai Protée, que chaque homme fera forcé de voir diverfement, & de compofer à fa maniere ; cet être arbitraire fera néceffairement éclore des querelles & des animofités entre ceux qui s'en occuperont, fur-tout à caufe de l'importance qu'ils attacheront à leurs opinions. Ceux mêmes qui annoncent ce Dieu aux hommes & qui fe donnent pour les interpretes de fes volontés céleftes feront-ils jamais d'accord entre eux? Ne voyons-nous pas que leurs importantes rêveries ne font que les divifer ? Les nations ne font-elles pas affez folles pour prendre parti dans leurs querelles fans même y rien comprendre ? Les Miniftres de la Divinité ne font-ils pas en tout pays en droit d'inquiéter les confciences & de tout mettre en combuftion ? Dès qu'on fuppofe un Dieu très-irafcible, il faut un culte, il faut des expiations, il faut des Prêtres, il faut des penfeurs qui s'en occupent, qui en raifonnent, qui en parlent aux autres;

& comme les hommes ſont toujours des hommes, ils ſe tromperont eux-mêmes, ou ils tromperont les autres; ils auront des paſſions, des intérêts, des extravagances, & ceux qui les prendront pour guides, en croyant plaire à leur Dieu, ne ſeront que les inſtrumens des folies ou des impoſtures de ſes Prêtres.

Enfin toute Religion fondée ſur une révélation ſera toujours fondée ſur le menſonge, & ne ſe ſoutiendra que par le menſonge & la force. Ceux qui trompent les hommes, toujours méchans eux-mêmes, ne ſeront jamais diſpoſés à les rendre bons, honnêtes & vertueux; le plus grand intérêt des impoſteurs eſt de les rendre ſouples & déraiſonnables; il n'y a que la raiſon & la vérité qui puiſſent rendre les hommes ſolidement heureux; ſi le menſonge leur eſt utile, ce ne peut être que pour des momens paſſagers; *ceux qui ſement du vent finiront tôt ou tard par recueillir des tempêtes.* (14)

Si l'on nous parle de la *Religion naturelle*, dont bien des gens vantent l'utilité, nous dirons qu'il n'exiſte point de Religion naturelle; que la nature ne nous apprend rien ni ſur les rapports qui ſubſiſtent

(14) V. Oſée chap. VIII. vs. 7.

entre elle & les êtres de l'eſpece humaine, ni ſur les moyens de lui plaire. En un mot la nature ne peut point nous découvrir aucun ſyſtême religieux, l'expérience & la raiſon ne peuvent point en produire; toute Religion eſt, par ſon eſſence, toujours en contradiction & avec la nature & avec elle-même.

## CHAPITRE X.

### *De l'influence de la Religion ſur la Morale; la Religion ne peut en être la baſe.*

SI, comme on vient de le prouver, la Religion par ſes principes mêmes & par les conſéquences néceſſaires que l'on en tire, ne peut être que nuiſible à la ſaine politique, & tend à détruire tôt ou tard la tranquillité des Etats, il eſt évident que c'eſt fauſſement qu'on nous vante les avantages qu'elle procure à la morale, dont on prétend qu'elle eſt l'appui le plus ſolide. Ce qui nuit à la ſociété ne peut être avantageux aux membres qui la compoſent, ce

qui

qui eſt contraire aux vues de tout bon Gouvernement ne peut être utile à des ſujets qu'il doit protéger & faire vivre paiſibles entre eux ; ce qui bannit la concorde des nations ; ce qui rend l'homme ennemi de ſon ſemblable ; ce qui a ſemé ſi ſouvent la diſcorde entre le Souverain & les ſujets ; ce qui met ſans ceſſe les citoyens aux priſes ; ce qui ſe modifie diverſement dans les eſprits de tous les hommes, ne peut jamais ſervir de baſe à la morale, dont le but invariable doit être de rapprocher les mortels, de confondre leurs intérêts, de leur inſpirer la juſtice & l'humanité, de réunir leurs volontés & de les faire travailler de concert à leur bien-être réciproque, toujours lié à celui de la ſociété.

Tels ſont les motifs & les devoirs que la morale annonce aux hommes ; ſi la Religion les fortifioit & les rendoit plus ſacrés, quelqu'incompréhenſibles que ſes dogmes puſſent paroître d'ailleurs, on ne devroit point la rejetter pour cela ; il y auroit de la frénéſie à vouloir l'attaquer ſi elle contribuoit réellement à rendre les hommes meilleurs ; chercher à l'anéantir ce ſeroit conſpirer contre la ſociété. Mais doit-on des ménagemens à des ſyſtêmes d'erreurs & de préjugés dont les principes primitifs ſont d'interdire l'uſage de la raiſon, de fermer ſes yeux à la vérité, de ſe haïr ſoi-même, de déteſter tous ceux qui ne voyent pas des chimeres des mêmes yeux, d'enivrer les mortels d'eſpérances frivoles & de craintes déſeſpérantes ſans les rendre plus vertueux? Tout homme qui s'intéreſſe au bonheur de ſes ſemblables & qui ſent ce qu'il doit au genre humain, n'eſt-il pas autoriſé à combattre des phantômes qui depuis tant de ſiecles ſervent de prétextes aux paſſions & aux fureurs des tyrans, des impoſteurs, des extravagans, des orgueilleux, des avares & des fanatiques, qui prétendent guider les nations, & qui ſe croient intéreſſés à tromper, à diviſer, à rendre leurs eſclaves méchans & malheureux? Détromper ſes concitoyens de ce fatal ſyſtême, en montrer la fauſſeté, faire ſentir le danger de ſes principes & leurs conſéquences pernicieuſes; lui ſubſtituer des vérités, qui qui en éclairant les hommes les rendront toujours plus humains & plus ſenſés, ne peut être regardé comme un attentat que par ceux qui recueillent les fruits des égaremens du genre humain.

Quand même, comme on vient de voir, on ſuppoſeroit la poſſibilité d'imaginer une Religion conforme à l'intérêt des hommes, comme cette Religion seroit toujours nécessairement fondée sur des chimeres & des faussetés, il faudra nécessairement qu'elle dégénere en abus, en disputes, en fureurs, & qu'elle produise tôt ou tard des excès & des folies, proportionnés à l'importance que les peuples y attacheroient. Quand même dans l'origine le corps sacerdotal seroit composé d'hommes les plus vertueux & les mieux intentionnés, il faudra nécessairement que ce corps, en possession de commander à la crédulité, se serve de la Religion & de la Divinité pour autoriser ses passions, pour augmenter son pouvoir, pour multiplier ses richesses, pour favoriser ses vues intéressées. Peu-à-peu les Prêtres persuaderont à leurs disciples que rien n'est plus essentiel pour eux que de se soumettre aveuglément, d'immoler leur raison & leur propre nature à la Divinité, qui jamais ne parlera que suivant les intérêts de ceux qui la feront parler. Après les avoir ainsi rendus déraisonnables il sera facile aux Prêtres de les pousser aux plus grands crimes ou de leur faire violer les devoirs les plus sacrés de l'homme, sous prétexte de se conformer aux volontés de Dieu. Ainsi toute Religion qui prétendra soumettre l'homme à l'empire d'un Dieu, le ſoumettra réellement à des Prêtres. Toute Religion qui lui propoſera pour régle de ſa conduite la volonté divine, ne lui propoſera réellement pour régle que les volontés de l'ordre ſacerdotal, ſeul en poſſeſſion d'interpréter & d'annoncer les décrets de la Divinité. Ainſi des hommes intéreſſés deviendront les arbitres des mœurs & de la conduite des peuples, & les rendront injuſtes & malfaiſans quand leurs vils intérêts l'exigeront. Une morale religieuſe ne ſera jamais qu'une morale accommodée aux vues du ſacerdoce, celui-ci ne trouvera rien de plus important que d'aveugler les peuples afin de les faire ſans ceſſe travailler à ſa propre grandeur en leur perſuadant qu'ils rempliront par là-tous leurs devoirs envers Dieu.

Voyons d'abord ſi nous pouvons fonder notre morale & régler nos devoirs ſur le caractere moral de la Divinité que l'on nous propoſe pour modele. Dira-t-on que Dieu eſt bon ? Mais il ne l'eſt point relativement à la race humaine lorsqu'il l'afflige par des calamités ; ſa bonté ſe dément donc & n'eſt point immuable ; ainſi Dieu eſt capricieux & changeant, il détruit ſouvent cette harmonie, ce bel ordre que l'on admire dans l'univers. Nous appellons bonté dans un homme la diſpoſition conſtante où il eſt de faire du bien à ses semblables: dès que cette disposition change en lui ou dès qu'il fait du mal, nous lui retirons notre estime & nous l'appellons méchant. Dira-t-on que Dieu est juste? Mais cette justice se dément pareillement, si, comme on est forcé de l'avouer, l'innocence & la vertu sont souvent dans l'infortune, & si dans le monde que nous habitons les personnes les plus honnêtes sont souvent les plus malheureuses. Nous disons qu'un homme est juste lorsqu'il est dans une volonté permanente de rendre à ses semblables ce qui leur appartient & de les traiter suivant leurs mérites; ainsi dès que la vertu souffre sous un Dieu tout-puissant, nous sommes forcés de l'accuser d'injustice, & il ne peut être le modele de la vertu que nous appellons Equité. Si l'on nous dit que Dieu ne doit rien à ses créatures, on détruit aussitôt son caractere moral, il n'est plus un modele de justice, il n'est plus qu'un Tyran fantasque & déraisonnable. (15)

(15) On fait consister la vertu à ressembler à la Divinité. Un Payen qui se seroit proposé *Jupiter* pour modele, eût-il été bien vertueux? Un Juif ou un Chrétien qui voudroient imiter le Dieu de la Bible, auroient-ils une morale bien pure? Cependant il est évident que le *Jupiter* des Payens étoit un Dieu moins méchant que le Dieu des

Si les spéculations Théologiques influoient constamment sur la conduite des hommes, rien ne seroit plus propre à détruire en eux toute idée de vertu que les qualités dangereuses que toutes les Religions de la terre ont assignées à leurs Divinités. Les mortels accoutumés à supposer que leur Dieu est un être parfait, dont il n'est point permis de blâmer la conduite, qu'il faut imiter & suivre de loin, doivent chercher à lui plaire en agissant comme lui: qu'en peut-il résulter? Si l'on m'assure que le Dieu que j'adore est jaloux, vindicatif, prompt à s'irriter, de quel droit pourra-t-on me dire que je ne dois pas être envieux, que je dois m'abstenir de la vengeance, qu'il faut mettre un frein à ma colere, qu'il convient d'étouffer la jalousie dans mon cœur? Si l'on me montre des ambitieux, des zêlés féroces, des assassins, des rebelles, des conquérans, des voleurs, des parricides, des adulteres, comme des personnages agréables à ce Dieu, comme des êtres inspirés par lui, comme des hommes selon son cœur; comment peut-on me dire ensuite qu'il faut s'abstenir du bien des

Chrétiens; si la conduite du premier invitoit à la débauche, la conduite du second invite à commettre des assassinats. Les Européens n'ont point gagné à changer les Dieux de leurs ancêtres.

autres, qu'il faut aimer sa patrie, qu'il faut observer le Droit des Gens ? Si l'on me persuade que la Divinité, sensible aux présens, exige une portion de mes biens est l'esclave d'un intérêt sordide, comment pourra-t-on me prouver que le désintéressement est louable ? De quel droit le Paganisme, adorateur d'un *Saturne* qui détrône son pere; d'un *Jupiter* qui mutile le sien & qui remplit le monde de ses adulteres & de ses débauches; de quel droit, dis-je, une telle Religion pouvoit-elle recommander la piété filiale & la décence dans les mœurs ? Si l'on prétend que le Dieu perfide & séducteur que le Chrétien adore se plaît à tendre des embûches à ses foibles créatures, ne doit-il pas en conclure que la trahison, la fourberie sont permises, & que la fausseté est approuvée par la Divinité ? Si l'on assure que ce Dieu, d'un caractere si dangereux, s'offense des pensées, des paroles, des actions & des omissions des hommes, ne doit-il pas conclure que rien ne peut le dispenser de partager ses sentimens, & que pour lui plaire il doit plonger le couteau dans le sein de tout homme qui l'outrage ? D'après ces funestes idées chaque mortel devient nécessairement ennemi de son semblable :

chaque nation doit détruire, combattre & troubler celle qui déplaît à son Dieu: la société du genre humain, l'union des familles, seront troublées; les liens de la patrie, du sang, de l'amitié doivent à chaque instant se relâcher & se briser.

C'est aux idées odieuses, absurdes, informes & contradictoires que les différentes Religions du monde ont données de la Divinité, que l'on peut attribuer l'ignorance & l'incertitude continuelle où la plupart des hommes sont sur les devoirs de la morale. En fondant cette morale sur des Puissances invisibles, dont souvent le genre humain éprouvoit les injustices; en l'établissant sur des révélations incroyables; sur des oracles inintelligibles, sur des préceptes divins perpétuellement contradictoires, & souvent destructeurs des sociétés, nos guides spirituels ont plutôt sappé que fortifié les foudemens de toute morale. Le superstitieux ne sait jamais à quoi s'en tenir: un Dieu, qu'on lui représente comme le plus cruel des Tyrans, comme un être captieux, comme un despote insensé, lui ordonne d'être bon, d'être humain & sincere: le même Dieu qui lui défend de voler, lui ordonne de dépouiller l'Égyptien par la fraude, & de s'emparer du pays de ses voisins: le même Dieu qui lui prescrit la douceur, lui inspire le zêle, le fanatisme & la fureur.

Si nous voulons remonter à la source véritable de la dépravation des mœurs chez un grand nombre de peuples, nous verrons que c'est aux notions affreuses que la Religion leur a données de leurs Divinités qu'ils en furent redevables. Si dans une nation nous trouvons quelque usage inhumain, abominable, révoltant, nous nous tromperons rarement en présumant que c'est la superstition qui l'a fait adopter dans l'origine. C'est pour plaire à son Dieu que le Phénicien dénaturé lui sacrifioit ses enfans; c'est pour contenter la jalousie de son Dieu que le Juif zêlé portoit le fer & la flamme chez ses voisins; c'est pour satisfaire la passion de son Dieu lubrique que la femme de Babylone alloit se prostituer dans son temple; c'est dans l'idée de servir l'humeur vindicative & jalouse de son Dieu, que le Chrétien depuis tant de siecles se fait un devoir de tourmenter, de gêner, de vexer & de brûler ceux qu'il suppose ses ennemis. C'est pour appaiser la faim de son impitoyable idole que le Mexicain lui immoloit à la fois les habitans d'une Province entiere.

Les usages les plus étranges, les plus choquans, les plus opposés à la nature ont communément la Religion pour principe; elle seule a le pouvoir d'étouffer dans les cœurs d'une nation entiere les sentimens les plus ordinaires, de transformer les hommes en des bêtes féroces & insensées. (16) Une morale qui ne peut avoir que le bien des humains, que la justice, que la sociabilité pour objet, est forcée de disparoître devant un Dieu cruel, supérieur à la nature & à la raison, dont les ordres ne peuvent être discutés. Il faut être inhumain, injuste, fourbe & de mauvaise foi sous une Divinité à qui l'on attribue ces indignes dispositions; toute morale est incompatible avec une Religion qui le proposera pour modele. S'il existe des vertus parmi des hommes imbus de ces horribles notions, c'est que l'intérêt de leur nature les force à chaque instant de perdre de vue

(16) Dans l'Isle de Formose la Religion ordonne aux femmes, qui avant un certain âge sont enceintes, de se faire fouler aux pieds de la Prêtresse. La Religion chez les *Jagas*, peuple d'Afrique, vouloit que les guerriers pour se rendre invincibles se frottassent le corps avec la graisse de leurs enfans pilés dans un mortier. Dans presque tout l'Indostan la Religion exige que les femmes se brûlent sur les cadavres de leurs maris. Sur la côte de Coromandel la Religion veut que les filles soient déflorées par une Idole. Dans les Pays Catholiques-Romains la Religion prétend que des filles malheureuses gémissent toute leur vie dans le chagrin & dans les fers.

leur odieux modele, & triomphe en eux de l'atrocité de leur Dieu. Si ce Dieu changeant ordonne tantôt le crime & tantôt la vertu, sa morale devient incertaine pour ses adorateurs; chacun d'eux se fera un systême de conduite dans lequel il ne suivra d'autre régle que son propre tempérament. En conséquence il sera paisible ou turbulent, humain ou malfaisant, dévot fougueux ou dévot pacifique, juste ou injuste, sincere ou dissimulé; il trouvera dans son Dieu changeant & dans ses ordres discordans des raisons également fortes pour justifier une conduite, quelconque. En bonne foi, quelle seroit donc une morale qui dépendroit du caprice & de l'intérêt de chaque homme, & qui n'auroit d'autre régle que son tempérament ou son organisation particuliere, que le mouvement plus ou moins rapide de son sang, que les idées vraies ou fausses qu'on lui auroit inspirées?

Une morale pour être vraie doit être la même pour tous les individus & pour toutes les nations: elle doit se fonder sur la nature, les besoins, les intérêts des êtres de l'espece humaine vivans en société. Les hommes, peu d'accord sur leurs Dieux, sur les qualités qu'ils leur donnent, sur les cultes qu'ils leur rendent, sont forcés de s'accorder ſur les principes généraux de la morale. Si dans leur conduite ils dérogent quelquefois à ces principes, cela vient de leurs erreurs, de leurs préjugés, de leurs paſſions, de la perverſité de leurs inſtitutions religieuſes & politiques qui les obligent à devenir ſourds au cri de la nature, & qui les empêchent de connoître ce que la raiſon exige d'eux. L'ignorance dans laquelle les gouvernemens, d'accord avec les Prêtres, plongent les nations, eſt le plus grand obſtacle que la morale ait à vaincre; les hommes ne ſont ſi vicieux & ſi méchans que parce qu'ils ſont ignorans; ils ne ſont ignorans & dominés par des paſſions dangereuſes que parce que leurs Dieux, leurs Souverains, leurs guides ſpirituels & temporels, leurs inſtituteurs, aveugles ou méchans eux-mêmes, ne ſongent point à les éclairer ſur leurs devoirs, à leur développer la raiſon, à leur inſpirer le goût de la vertu, à leur montrer les rapports qui les lient à leurs ſemblables, à leur faire connoître & leur tracer la vraie route du bonheur.

S'il étoit poſſible de ſe figurer un Dieu conſtamment favorable à l'eſpece humaine, c'eſt-à-dire, dont la bonté, l'équité, la ſageſſe ne ſe démentiſſent jamais; dont les volontés toujours d'accord avec elles-mêmes ne prescrivissent jamais à ses adorateurs que des actions honnêtes ou utiles à la société ; dont les interpretes parlassent toujours le langage de la raison ; dont les Représentans sur la terre ne fissent que fortifier les ordonnances par l'autorité des loix ; un tel Dieu pourroit servir de base à la morale, son culte seroit cher & précieux aux hommes, ses oracles ne seroient que les loix de la nature rendues plus autentiques & plus sacrées ; la Religion n'en seroit que la promulgation, ses instructions les retraceroient perpétuellement au peuple, & le gouvernement les inviteroit ou les forceroit de s'y conformer : mais un Dieu, vu diversement par chaque homme ou par chaque peuple, ne peut être la mesure des devoirs de tout le genre humain ; ses volontés exprimées si diversement dans différentes contrées, & si contradictoires dans la même Religion, ne peuvent fournir des régles invariables ; enfin ni les préceptes de ses interpretes, continuellement en disputes, ni les loix des Souverains, presque toujours injustes & partiales, ni les usages, souvent insensés des peuples ignorans & mal gouvernés, ne peuvent être les vraies régles des mœurs, ne peuvent s'accorder avec les intérêts communs des habitans de la terre.

Si je parcours la terre en demandant à chacun de ſes habitans ce qu'il penſe de la bonté, de la juſtice, de la douceur, de la ſociabilité, de l'humanité, de la bonne foi, de la ſincérité, de la fidélité dans ſes engagemens, de la reconnoiſſance, de la piété filiale, &c., ſa réponſe ne ſera point équivoque, chacun approuvera ces qualités, il les jugera néceſſaires, il en parlera avec éloge: mais ſi je lui demande ce qu'il penſe de ſon Dieu, ce que preſcrivent ſes ordonnances, ce qu'enſeignent ſes Prêtres, ce que diſent ſes loix & ſes Souverains, ce que ſes uſages demandent de lui, jamais nous ne pourrons nous entendre, jamais nous ne tomberons d'accord ſur rien. Si je m'adreſſe aux enfans d'Iſraël, ils me diront qu'il faut voler & exterminer des Idolâtres réprouvés par leur Dieu; le Chrétien zêlé me dira que tout ce que ſon Dieu commande ne peut être que juſte, que ſes ordres ne ſont pas faits pour être examinés, & qu'il faut adorer ſes décrets lors même qu'il commande le crime. Un peuple féroce & conquérant me dira qu'on peut ſans ſcrupule piller & ravager ſes voiſins; un peuple commerçant m'aſſurera que tout eſt légitime pour la proſpérité de l'Etat; le Sauvage prétendra que la vengeance eſt permiſe, & doit être cruelle ; le Citoyen policé prétendra qu'elle eſt un mal. L'Indien ou le François me diront que l'adultere n'eſt rien ; l'Eſpagnol & l'Arabe me diront que c'eſt un crime affreux ; le Tartare vagabond prétendra que l'on peut tuer ſon pere lorsqu'il n'eſt plus bon à rien ; le Spartiate aſſurera que le bien de l'Etat exige que l'on tue ſes enfans contrefaits. Si je conſulte les ſujets d'un Deſpote, ils me diront que ſa volonté fait la loi, que ce qu'il ordonne eſt toujours juſte, & que lui obéïr ne peut jamais être un crime. Enfin ſi je conſulte la raiſon j'apprends à quoi m'en tenir ſur toutes ces déciſions ſi diſcordantes ; elle me dit que tout ce qui eſt conſtamment utile au genre humain eſt un bien, & que tout ce qui par ſoi-même ou par ſes conſéquences néceſſaires devient nuiſible à la ſociété eſt un mal très-réel ; c'eſt là-deſſus que j'établis une morale, & d'après les idées ſi différentes que je trouve répandues parmi les hommes, je m'apperçois que ni les Dieux, ni les Prêtres, ni les Gouvernemens, ni des Loix informes ne peuvent nous preſcrire des devoirs contraires à la nature, à l'eſſence du genre humain, au bien des ſociétés ; j'en conclus que leurs oracles, dictés souvent par la passion, par l'inexpérience & le délire, ne peuvent être les régles immuables de la conduite de l'homme.

C'est donc sur la nature que la morale doit se fonder. Tant que l'homme sera un être sensible & capable de penser, il sera forcé d'aimer la vertu & de haïr le crime; il ne se trompera dans ses jugemens que lorsque l'ignorance, la passion, la précipitation l'empêcheront de juger sainement. Toutes les fois que nous verrons l'homme méchant, nous trouverons en remontant à la source de ses dispositions, qu'elles sont dues à ses préjugés politiques & religieux, à son éducation, à ses habitudes vicieuses, à des opinions fausses dont son esprit s'est imbu; le méchant est un homme ou mal organisé, ou dépravé par ses préjugés.

L'enthousiasme & l'imposture ont inventé les Religions; les préjugés de chaque peuple ont fait naître son culte, les besoins & les circonstances de chaque nation ont produit & modifié son gouvernement, ses usages & ses loix; mais c'est l'expérience de l'homme, aidée par des réflexions sur sa propre nature, ce sont les besoins invariables & constans de l'espece

pece humaine qui fixent pour toujours sa morale.

C'est, comme on l'a dit tant de fois, dans l'ignorance forcée où les hommes sont retenus, dans les préjugés qu'on les oblige de regarder comme sacrés, dans les vices de leurs gouvernemens & de leurs Religions que nous devons chercher l'origine de cette dépravation générale que nous trouvons dans les mœurs ; il faudroit les éclairer, leur montrer la vérité, leur apprendre à faire usage de la raison, les gouverner avec équité, les élever dans de bons principes, leur faire sentir leurs véritables intérêts, les contenir par de bonnes loix ; alors on ne feroit point dans la nécessité de les tromper. Les hommes sont par-tout traités comme des enfans, on les effraye par des phantômes ou on les appaise par des chimeres, qui jamais ne peuvent tenir lieu d'un bonheur présent & réel. Souverains des nations, voulez-vous des sujets vertueux, éclairez-les, faites-les instruire, invitez-les à bien faire, mais sur-tout rendez-les heureux : l'erreur ne peut être d'une utilité passagere & trompeuse que pour ceux qui sont incapables de leur procurer un bien-être véritable ou qui n'en ont point la volonté.

Vainement en effet s'est-on promis jusqu'ici de remédier à la perversité de l'homme en combinant la Morale avec la Religion ; on s'est faussement imaginé que c'étoit un chef-d'œuvre de politique de réunir le pouvoir des Dieux à celui de la raison ; cette alliance monstrueuse n'étoit pas faite pour durer ; par cette association trop inégale la Raison, fille de la Nature & de la Vérité, fut accablée ou éclypsée par la Religion, fille du Merveilleux & de Puissances invisibles à qui la nature est elle-même subordonnée. Par-tout où la morale fut unie à la superstition, celle-ci prit l'ascendant sur elle & finit toujours par l'asservir à son caprice ; elle ne put marcher sur la même ligne qu'une compagne enorgueillie de son origine céleste ; elle fut forcée de plier sous elle & de se prêter à ses merveilles, à ses impostures. Ainsi la morale avilie par la Religion, devint un fanatisme pur, qui uniquement enivré de ses notions abstraites n'eut plus l'homme pour objet. Le Moraliste religieux perdit de vue la terre, son esprit ne fut occupé que des rapports fictifs qu'il supposa entre les foibles mortels & la Divinité dont il n'eut point d'idées. Guidé par les leçons du Prêtre l'homme ne connut point ce qu'il devoit à ſes ſemblables, ne s'occupa point de la ſociété, ſe négligea lui-même, ne regarda la terre que comme un paſſage, fut abſorbé dans ſes rêveries inutiles, & ſe plongea dans une apathie dangereuſe; ou bien lorsqu'il eut de la chaleur dans le ſang & de l'enthouſiaſme, il ne devint actif que pour tourmenter ſes aſſociés ou pour ſe nuire à lui-même; ſes yeux perpétuellement fixés ſur un point éblouiſſant ne virent rien autour de lui, toute ſa morale ſe borna à ne point détourner un inſtant ſes regards des phantômes qui l'aveugloient. Ainſi la morale religieuſe ne fit jamais que des hommes engourdis, des frénétiques, des viſionnaires ſans jamais faire des êtres raiſonnables ni de vrais citoyens.

Un homme inſtruit par la raiſon, formé par unc éducation honnête, retenu par de bonnes loix, eſt ſaiſi d'horreur à la vue ou au récit de toute action criminelle & nuiſible; celui qui eſt guidé par la Religion, ayant eu dès l'enfance l'eſprit corrompu par des préjugés, ne ſuppoſe jamais de mal que dans ce qu'on lui dit de contraire aux ordonnances de ſa Religion, & de nuiſible à ſes intérêts; il ne voit rien au delà. Des pratiques négligées, des cérémonies omiſes, de pieuſes minuties, des fautes imaginaires, lui font bien plus de peur & lui donnent plus de ſcrupules que des fautes réelles, que des crimes avérés. Perſuadé que toute offenſe contre ſa Religion eſt le plus grand des attentats, il ſe fait des monſtres des omiſſions les plus légeres, il éprouve des remords pour des transgreſſions puériles, & ſe pardonne aiſément les choſes les plus graves. Le dévot ſtupidement effrayé des menaces de ſes Prêtres, ne voit rien de plus important que leurs ordres; ébloui de leurs promeſſes tout le reſte lui devient indifférent; il eſt ſûr par leurs ſecours de ſe remettre en grace avec la Divinité, qu'il ſuppoſe plus facile ſur le mal qu'on fait à ſes créatures que ſur le mépris de ſes prétendues Loix. Fier de ſes petiteſſes, qui le mettent bien avec ſon Dieu, il mépriſe la terre & ſe croit un modele de vertus, même en ſe permettant des injuſtices, des vices, & ſouvent des forfaits.

C'eſt ainſi que la Religion, ſubrogée trop ſouvent à la morale, l'anéantit tout-à-fait & ne produit que des dévots ſans vertus. Les hommes les plus religieux ſont rarement les plus honnêtes & les plus ſociables; quant au plus grand nombre des hommes, la Religion les laisse tels qu'ils sont, ils persistent malgré elle dans les habitudes qu'elle condamne; elle ne peut rien contre les passions violentes & habituelles; elle est moins forte que l'usage, que l'opinion, que l'intérêt présent (17); & quand les intérêts des hommes les échauffent elle ne peut résister au torrent qui les entraîne; dès que la Religion leur paroît incommode, ils la rejettent, ils la méprisent, ils se débarrassent de son joug, sans suivre pour cela les régles de la morale, sans recourir à la raison qui les gêneroit encore bien plus que la Religion; alors à la tyrannie religieuse succede quelquefois la licence la plus complette; accoutumé à voir la morale uniquement fondée sur la Religion, le méchant se flatte que

(17) La même Religion qui permettoit & approuvoit autrefois les combats singuliers, les défend aujourd'hui, sous peine de damnation éternelle; cependant dans les pays les plus superstitieux nous voyons des duels, parce que l'opinion publique, plus forte que la Religion, fait regarder ceux qui refusent de se venger d'une injure, comme des lâches & comme des personnes déshonorées: d'où nous devons conclure que l'idée de l'opinion publique est plus forte que la Religion. Les Courtisans sont communément les plus corrompus des hommes & les plus disposés à sacrifier leur honneur & leur conscience à leur avancement; ils disent, comme les grands du Royaume d'Achem, *Dieu est bien loin, mais le Roi est tout près.*

celle-ci une fois bannie, il n'exiftera plus de frein pour lui, & qu'il pourra fe livrer impunément au torrent de fes defirs; il a difcuté bien ou mal, mais toujours avec partialité, le fyftême qui le gêne; & après avoir entrevu que fa Religion n'eft qu'une fottife, il en conclut fort imprudemment que la morale n'eft pas mieux fondée qu'elle.

D'autres incapables de difcuter ne peuvent bannir de leur efprit les idées religieufes dont ils ont été nourris dès leur enfance, ils font alors un pacte avec la fuperftition, ils la concilient avec leurs déréglemens; s'ils fe féparent d'elle pour quelque tems, c'eft en fe promettant néanmoins tôt ou tard de s'en rapprocher par la fuite, & de recourir aux moyens qu'elle eft toujours prête à fournir aux transfuges qui lui reviennent. C'eft ainfi que la plupart des hommes, quoique perfuadés que la rapine, l'injuftice, la violence, la débauche déplaifent à leur Dieu, ne laiffent pas de s'y livrer dans la ferme confiance qu'ils pourront un jour fe réconcilier avec le ciel qu'ils outragent fciemment: (18) ou bien dans les intervalles de rai-

(18) Le Chrift dit dans l'Evangile: *faites-vous des amis dans le ciel avec les richeffes injuftement acquifes.* Ces paroles ne font-elles pas bien confolantes pour tous ceux

ſon que les paſſions, la diſſipation & les plaiſirs leur laiſſent, ils demandent pardon à la Divinité des fautes qu'ils ont commiſes, & qu'ils commettront de nouveau toutes les fois qu'ils y ſeront ſollicités. Les nations ſont remplies d'hommes vicieux qui ſavent allier la ſuperſtition avec le crime, qui périodiquement offenſent & appaiſent le ciel, ou qui ſe promettent d'expier dans la vieilleſſe ou à la mort les forfaits d'une vie remplie d'iniquités. Ils ſe flattent que leur attachement peu raiſonné pour la Religion, pour ſes dogmes étonnans, pour ſes pratiques puériles, leur tiendra lieu de ce qu'ils doivent aux hommes, & leur rendra toujours la Divinité propice.

Ainſi la Morale n'a qu'à perdre lorsqu'elle eſt aſſociée avec la Religion; celle-ci fut toujours prête à pardonner, à expier les outrages qu'on faiſoit à cette morale: d'ailleurs la Religion veut occuper l'homme ſans partage; elle montre de l'in-

qui pillent les peuples, & qui ſont aſſurés d'obtenir le pardon de leurs vols en faiſant des largeſſes aux pauvres? C'eſt peut-être en conſéquence de ce principe que l'on voit tant de voleurs publics & particuliers chez les Chrétiens. Les Princes pillent les peuples, occupés à ſe piller les uns les autres. Les marchands les plus dévots ſe permettent des fraudes & des ſupercheries.

dulgence pour les crimes qui ne regardent que les hommes, mais elle exagere & traite avec rigueur les fautes qu'elle invente, les moindres violations de ses régles, les omissions de ses pratiques, en un mot l'infraction des devoirs fictifs qu'elle impose. Quand le Prêtre tient la balance pour peser les actions humaines, il la fait toujours pencher du côté de son propre intérêt; il trouve que les crimes les plus affreux, les plus dignes du courroux céleste & des châtimens des hommes, sont ceux qui nuisent à son propre empire; il change en fautes impardonnables des actions totalement indifférentes à la société; il accoutume ses disciples à regarder avec horreur les personnes peu soumises à ses dogmes, réfractaires à ses caprices, dédaigneux pour ses mysteres & ses leçons, peu pénétrés d'un saint respect pour ses rêveries & pour les objets qu'il propose à la vénération; les peuples nourris dans ces préjugés sont bien plus révoltés d'une foule de crimes imaginaires que de ceux qui sont réellement pernicieux ou qui portent le désordre dans la société; les mots vagues de *profanation*, d'*hérésie*, d'*impiété*, de *sacrilége*, font sur les esprits une impression bien plus forte que l'asſaſſinat, la trahiſon, l'injuſtice, le vol, l'adultere. (19) Le vulgaire imbécille s'accoutume à regarder un homme qui n'a pas la même croyance que ſon Prêtre, ou qui n'eſt pas ſoumis à ſes décisions, comme bien plus criminel que celui qui outrage la nature & la raiſon ou qui fait un tort évident à ſes ſemblables. Si ces préjugés ſont avantageux à la Religion & à ſes Miniſtres, ils ſont propres à éteindre dans les peuples toute idée de morale: par là les nations deviennent ſuperſtitieuſes ſans avoir la moindre idée de vertu.

D'après de ſemblables principes il ne faut point être ſurpris ſi nous trouvons une ignorance profonde de la morale, une honteuſe dépravation dans la conduite, un oubli total des loix les plus ſimples de la raiſon & de l'humanité dans les pays les plus ſoumis à la ſuperſtition & à ſes Miniſtres; là les devoirs prétendus de

(19) Quand on vient à examiner de près le ſens des mots terribles ſous lesquels les peuples croient communément déſigner les crimes les plus affreux, on trouve que réellement ces mots ne déſignent que des choſes déplaiſantes pour les Prêtres, & très-peu intéreſſantes pour le reſte des hommes. *L'héréſie* n'eſt qu'une façon de penſer différente de celle du Clergé; il en eſt de même de l'*impiété*, des *blaſphêmes*, des *ſacriléges* qui n'ont jamais pour objet que des choſes que l'intérêt du Clergé voudroit faire paſſer pour vénérables & ſaintes.

la Religion abſorbent tous les autres; les actions les plus atroces trouvent de l'indulgence & de la faveur dans les Prêtres; les temples ſont ouverts aux meurtriers, aux voleurs, aux ſcélérats; ils y trouvent des aſyles contre la ſévérité des loix; ainſi le ſacerdoce rend ſon Dieu le protecteur & le complice du crime, tandis que pour des opinions, ſouvent cachées, il a le front de faire égorger ou brûler des citoyens vertueux.

Quelles peuvent être les idées de morale d'un Eſpagnol, d'un Portugais ou d'un Italien, qui voit la puiſſance temporelle & ſpirituelle ſe réunir pour faire ſouffrir les tourmens les plus recherchés à un malheureux Hérétique, à un Juif, à un homme qui par légéreté aura tenu quelques diſcours un peu libres ſur la Religion, ou qui aura violé quelque ordonnance de l'Egliſe, tandis qu'il voit le temple de ſon Dieu fournir une retraite ſûre à un aſſaſſin dont les mains fument encore du ſang de ſon ſemblable? A la vue de cette conduite ſi favorable à l'ennemi réel de la ſociété, & ſi cruelle pour celui qui a péché contre la Religion, l'homme qui en eſt le témoin ne doit-il pas ſe convaincre que le meurtre, le vol, la trahiſon ſont des fautes très-légeres en comparaiſon de celles que la Religion punit avec tant de rigueur? (20) D'un autre côté dans les pays où l'ordre ſacerdotal jouit d'un grand pouvoir, d'une autorité non diſputée, d'une entiere impunité; où la Puiſſance temporelle n'a point le droit de réprimer les excès des Prêtres, où ceux-ci nagent dans l'opulence & vivent dans une honteuſe oiſiveté, leurs mœurs ne tardent point à ſe corrompre; le vice impuni devient bientôt effronté; le ſacerdoce inſolent de ſes forces renonce à toute pudeur, il ſe permet toutes ſortes d'attentats, & le peuple accoutumé à ne point critiquer la conduite de ſes guides, à les imiter, à les juſtifier, ſe corrompt d'après leurs exemples; des Prêtres ignorans, étrangers à la morale, diſſolus & criminels eux-mêmes, le laiſſent croupir dans une ignorance complette de ſes vrais devoirs, lui montrent de l'indul-

(20) En Eſpagne & en Portugal le peuple fait, dit-on, des efforts pour ſouſtraire un meurtrier aux pourſuites de la juſtice; il favoriſe ſon évaſion & ſa retraite dans une Egliſe ou dans un couvent. D'un autre côté lorſque l'Inquiſition pourſuit quelqu'un, chacun s'empreſſe de prêter main forte & de le faire ſaiſir: le Pere eſt forcé de livrer ſon fils, le Mari de livrer ſa femme, ſous peine d'être punis comme fauteurs d'hérétiques.

gence pour les vices dont ils ſont eux-mêmes ſouillés, ſe prêtent facilement à remettre des fautes dont ils ſont eux-mêmes coupables, & dont l'expiation devient toujours très-lucrative pour eux. (21)

(21) Tout le monde ſait à quel point la débauche, la diſſolution & la lubricité ſont portées par les Prêtres & les Moines Eſpagnols & Portugais : ſouſtraits au pouvoir temporel, qui les craint & les reſpecte, ils ſe livrent impunément à leurs vices & à leurs paſſions criminelles ; l'Autorité ſéculiere ne peut les punir même pour les crimes les plus noirs que de concert avec la Puiſſance Eccléſiaſtique, qui rarement conſent que l'on puniſſe ſes ſujets, dans la crainte ſans doute du ſcandale. L'on ſait d'un autre côté que ces nations les plus dévotes de l'Europe ſont les plus diſſolues, les plus vindicatives, & celles où les aſſaſſinats ſont les plus fréquens, où la vraie morale eſt la plus ignorée, où le peuple eſt le plus malheureux & le Clergé le plus puiſſant. Il eſt de l'intérêt des Prêtres que le peuple ſoit ſans mœurs, ils ont alors l'occaſion de faire des expiations plus fréquentes.

# CHAPITRE XI.

*Des prétendus devoirs, des pratiques & des fausses vertus de la Religion. Dangers des Expiations.*

TELS sont les importans services que la superstition rend à la morale ; voyons maintenant l'utilité que la science des mœurs peut retirer des devoirs & des pratiques que la Religion enseigne aux hommes ; analysons ces vertus sublimes auxquelles le sacerdoce attache le plus haut prix, dont il fait dépendre la bienveillance du ciel, dont l'omission lui paroît le plus affreux des crimes.

Si les idées que les prétendus interpretes de la Divinité se formerent & donnerent de l'Etre suprême ne purent être que fâcheuses & contradictoires ; si leurs systêmes théologiques & leurs spéculations mystiques ne furent jamais que des amas d'absurdités, les cultes qu'ils prescrivirent & les devoirs qu'ils imposerent ne furent ni moins inconcevables ni moins déraisonnables que les Divinités qui les enſeignoient. Rien de plus étrange que les caprices de la ſuperſtition; rien de plus incompréhenſible & de plus ridicule que les actions qu'elle ordonne; rien de plus extravagant & de plus inutile que les vertus desquelles ſes Miniſtres font dépendre la faveur du Très-Haut. La raiſon eſt forcée de rougir dès qu'elle entend les préceptes bizarres qui ſortent de la bouche de ces légiſlateurs inſpirés par le ciel. L'un crie à ſon peuple de retrancher le prépuce de ſes enfans, de ſe laver fréquemment, de s'abſtenir de certaines chairs abominables aux yeux du Seigneur, de renoncer à tout travail en certains jours, d'offrir de fréquens ſacrifices, d'obſerver avec le dernier ſcrupule quelques cérémonies futiles. Un autre preſcrit comme une choſe importante au ſalut éternel que l'enfant, coupable avant même de naître, ſoit lavé & régénéré dans les eaux, qu'il s'abſtienne de viande à des jours marqués; qu'il s'acquitte fidélement des cérémonies myſtiques auxquelles les graces d'en-haut ſont attachées, qu'il ſe ſoumette périodiquement à des rites ſacrés devenus les canaux des graces de ſon Dieu; que par des génuflexions & des mouvemens fréquens & du corps & des lèvres, par des formules invariables, il faſſe deſcendre les faveurs du Tout-Puiſſant. Le Bramine dit à ſes diſciples de ſe laver dans les eaux du Gange; il leur perſuade que cette eau poſſede la faculté merveilleuſe de purifier les ames de leurs ſouillures; il leur recommande ſur-tout de reſpecter la vie de tout animal ou inſecte, dont la mort attireroit infailliblement le courroux céleſte ſur lui.

On ne finiroit point ſi l'on vouloit rapporter toutes les pratiques & les inventions puériles auxquelles la Religion a dans différens pays attaché la complaiſance ou la colere des Dieux. Le bon ſens eſt dérouté en voyant les devoirs ridicules que la ſuperſtition capricieuſe impoſa toujours aux hommes; l'eſprit ne peut point deviner les motifs des bizarreries que le ſacerdoce a inventées pour appaiſer le ciel ou pour mériter ſes bontés. La Religion ſe plut toujours à mettre la raiſon en défaut; elle ſe crut intéreſſée à ne montrer au vulgaire que des ſymboles, des emblêmes, des énigmes, des myſteres, des cérémonies qu'il adopta ſans examen, auxquels ſa crédulité le ſoumit, avec leſquels l'habitude le familiariſa, dont il ne ſentit jamais le ridicule, & qu'il retint avec opiniâtreté parce que leur obſcurité même les lui rendit plus chers. Les peuples ne furent jamais que des enfans qui se laisserent guider par leurs Prêtres ; ceux-ci les tinrent pour toujours en tutelle au moyen de l'aversion qu'ils leur inspirerent de bonne heure contre la raison. Il fut évidemment de l'intérêt de ceux qui voulurent asservir les hommes de les jetter dans des embarras continuels ; de mettre très-souvent leur obéissance à l'épreuve, de les habituer à plier sous leurs caprices afin de les façonner au joug ; de multiplier leurs fautes, leurs scrupules & leurs expiations. Voilà sans doute pourquoi les Ministres de la Divinité sont parvenus en tout pays à lier presque toutes les actions de la vie au systéme religieux ; ils augmentent par là leur influence & leur pouvoir, ils se rendent nécessaires, ils trouvent dans la crédulité des peuples une source intarissable de richesses. (22)

Les

(22) Dans le Papisme le Prêtre ne perd pas son disciple un instant de vue. Il le baptise, il l'éleve, il le marie, il le réconcilie, il le guérit de ses scrupules, il appaise ses remords ; la mort même ne le garantit pas de la tyrannie & des exactions des Prêtres ; dans quelques sectes Chrétiennes le Clergé tire un plus grand parti de ses Esclaves morts que de ses Esclaves vivans. Un habitant de l'Indostan n'est pas moins que le Chrétien infesté par ses Prêtres ; ceux-ci sont perpétuellement occupés à le purifier de ses fautes & à lui tirer son argent. Pour peu que l'on réfléchisse on demeurera convaincu que ce que l'on nomme le

Les pratiques & les devoirs prétendus que la superstition prescrit aux hommes seroient indifférens en eux mêmes s'ils n'avoient partout pris la place des vrais devoirs que la nature leur impose; mais le superstitieux pénétré de l'importance de sa Religion, persuadé que rien de ce qu'elle ordonne ne peut être inutile ou méprisable, convaincu que rien n'est plus essentiel que de se conformer aux ordres de son Dieu, s'imagine avoir rempli tous ses devoirs en suivant servilement les régles établies par ses prêtres, en montrant une exactitude scrupuleuse dans les pratiques futiles dont jamais il ne pénétra les motifs; il crut avoir des vertus & être quitte envers la terre en adhérant aux dogmes inintelligibles qu'on lui annonçoit, en faisant plier sa raison sous l'autorité, en n'omettant jamais la moindre chose dans les loix sacerdotales que le préjugé lui montroit comme sacrées. Les expiations, les ablutions, les sacrifices, les cérémonies religieuses de

le culte de Dieu n'est au vrai que le culte des Prêtres, qui n'ont imaginé des Religions en tout pays que pour leur propre utilité. Le seul malheur qui résulteroit pour un État de la suppression du culte & des systêmes Théologiques, seroit de forcer une foule d'hommes oisifs & méchans à chercher une façon de subsister plus honnête que l'imposture.

toute eſpece ne ſont que des inventions funeſtes, par lesquelles l'homme ſubſtitue des mouvemens phyſiques de ſon corps à des mouvemens honnêtes & réglés de ſon cœur, à des habitudes utiles à la ſociété. Toute Religion où l'on expie, invite à ſe rendre criminel. Or toute Religion ſuppoſe des moyens corporels & faciles d'appaiſer la Divinité, d'où il ſuit que toute Religion eſt une ſource feconde de dépravations, dont le Clergé tout ſeul peut recueillir les fruits.

Si la Religion & ſes Prêtres eurent tout à gagner en repréſentant la Divinité comme intéreſſée, comme envieuſe des biens des hommes, comme avide de la chair des animaux, comme flattée de la fumée des ſacrifices, la morale eut tout à perdre par l'indigne trafic qui s'établit entre le ciel & la terre (23). Les expiations, comme on a vu, doivent enhardir au crime, le méchant devient plus téméraire dès qu'il ſe

(23) Lucien obſerve que les ſacrifices ſuppoſent les Dieux gourmands, avides, intéreſſés & ſemblables à des mouches, toujours prêts à dévorer les pauvres animaux & à ſucer leur ſang. *V. Lucian. Jupit. Tragic. V. dans Platon le Dialogue d'Eutyphon.* Le même Platon dans ſa *République Livre II.* ne veut pas que les riches ayent dans leurs maiſons des chapelles particulieres, il exige qu'ils ſacrifient en public, afin de leur oter la faculté d'expier en ſecret leurs crimes avec trop de facilité.

persuade qu'il existe des moyens d'appaiser son Dieu : jouit-il de l'opulence, il se tient assuré de pouvoir acheter de lui le droit de nuire à ses semblables ; il entre en composition avec lui, il se conduit à son égard comme ces Ministres des Tyrans de l'Asie, qui achettent de leurs avides Maîtres la permission d'opprimer & de piller impunément leurs sujets, ou qui à force d'argent obtiennent d'eux le pardon des injustices, des vexations & des rapines qu'ils leur font éprouver. Socrate observe avec raison que *celui qui donne à ceux qui n'ont besoin de rien, entend bien peu l'art de donner* ; & Platon demande *ce que les Dieux doivent penser des présens des méchans, puisqu'un homme honnête rougiroit de recevoir les dons d'un scélérat.*

Mais les passions des hommes, leurs habitudes vicieuses, leurs penchans déréglés, leurs fantaisies criminelles & momentanées, font qu'ils sont bien plus disposés à écouter la superstition facile que la sagesse austere ou que la saine morale. Celle-ci condamne avec rigueur les actions déshonnêtes, & montre au méchant toute l'horreur de sa conduite ; l'autre le console par l'espoir de se réconcilier avec le ciel, & calme ainsi ses craintes & ses remords.

L'homme vicieux & criminel trouve dans la Religion des ressources infinies contre les reproches de sa conscience : il lui est bien plus aisé d'acquiescer du bout des lèvres à des dogmes qu'il n'entend point, d'adhérer à des systêmes qu'il ne se donne point la peine d'examiner, que de consulter une morale gênante ; il préfere sans peine des pratiques qui le dispensent de changer de conduite, de combattre ses penchans, de renoncer à ses habitudes : disposé à se tromper lui-même & de moitié avec son Prêtre, il se promet que des prieres, des mouvemens du corps, des sacrifices, des offrandes, quelques regrets stériles & passagers le remettront en faveur avec son Dieu, qui, touché de ses présens & de ses bassesses, lui pardonnera les outrages qu'il a faits à ses semblables : il trouve bien plus commode d'égorger des agneaux, de bâtir des temples, de faire des largesses aux Prêtres, de leur confesser ses crimes, de répéter quelques prieres, de se mettre dans une posture humiliante, que de sacrifier son ambition, son avarice, que de résister à des habitudes criminelles, que de briser les liens qui l'attachent au vice. Si frappé des instructions & des menaces de sa Religion l'homme corrompu renonce pour quelque tems à sa conduite déréglée, il ne tarde point à la reprendre, assûré que cette Religion le recevra toujours à bras onverts, que son Dieu intéressé & fléchi par ses soumissions lui pardonnera ses écarts, & que son Prêtre lui fournira des moyens de se débarrasser du fardeau des remords. Une pente facile conduit au crime; on n'oppose qu'une foible résistance à ses desirs dès qu'on se promet de pouvoir à volonté se réconcilier avec son Dieu. „ Vas au Temple, dit la superstition; im-„ mole des victimes; humilie-toi en pré-„ sence de la Divinité; adresse-lui tes „ prieres; accuse-toi devant ses Prêtres, „ & tes péchés te sont remis". Ainsi par la lâche complaisance de la Religion la vie du criminel devient un cercle de crimes & d'expiations; un Dieu sévere cede aux instances de ses Ministres & leur donne le pouvoir de remettre en son nom les outrages que l'on a faits, & que l'on continuera de faire à ses créatures. Un repentir qui n'aura point de suites suffit pour calmer la conscience, & le méchant est pardonné tandis que son cœur est toujours le même. (24) C'est ainsi que quel-

(24) Philippe II. Roi d'Espagne fut, ainsi que Louis XIV. Roi de France, un débauché & un Tyran très-dévot. Jovien, qui succéda à l'Empereur Julien, tout cra-

ques formules, quelques regrets périodiques & passagers, quelques prieres suffisent pour rétablir la paix dans l'ame injuste d'un Prince, dont la vie est marquée par des oppressions continuelles; d'un courtisan avide, vindicatif & fourbe; d'un Concussionnaire qui s'engraisse de la substance du pauvre, de la veuve, de l'orphelin; d'un juge qui tient une balance inégale; d'une femme infidelle qui souille la couche de son mari.

Cessons donc d'être surpris si les hommes les plus pervers, les plus livrés à la débauche, à des habitudes criminelles, à des vices honteux, sont souvent attachés à la Religion qu'ils outragent par leur conduite; ils la regardent comme une ressource; ils sont surs qu'elle les recevra lors-qu'ils voudront recourir à elle, ils savent qu'indulgente elle sera toujours prête à les laver de leurs iniquités; ils croient que leur Dieu facile ne peut manquer de leur pardonner lorsqu'ils fléchiront le genou devant

puleux qu'il étoit, préféroit sa foi à l'Empire, qu'il ne voulut accepter qu'à condition de ne point regner sur des Payens. Louis XI. demandoit à la Vierge Marie la permission de commettre ses assassinats, qu'il expioit ensuite par des présens à l'Eglise, des confessions, & des communions. La confession chez les Papistes est un grand encouragement au crime; si elle retient quelques hommes, l'*absolution* qu'elle procure en pervertit bien d'autres.

ſes Miniſtres. Voilà pourquoi nous trouvons du zêle dans ceux mêmes que leurs mœurs corrompues ſembleroient devoir rendre les ennemis de la Religion ; ils ne peuvent ſouffrir qu'on leur ôte la perſpective des reſſources dont ils eſperent tôt ou tard ſe ſervir ; ils craignent qu'on ne les prive des moyens commodes qui, ſans gêner leurs paſſions, en diminuent les remords. Que le méchant qui refuſe obſtinément de renoncer à ſes déréglemens, à ſes crimes, ſoit dévoré de honte & de remords, qu'il en ſoit déchiré ; c'eſt trahir la ſociété que de le ſoulager ; qu'il ne trouve du repos que dans une conduite honnête ; qu'il ne ſe pardonne à lui-même que lorsqu'il aura réparé le mal qu'il aura commis, & que des Prêtres impudens ne s'arrogent point le droit de remettre au nom des Dieux des fautes dont les hommes ſont les victimes.

Les Prêtres en tout pays ont réduit en tarif les délits des mortels. Ainſi les Miniſtres du Très-Haut ont prétendu meſurer juſqu'à quel point il étoit permis de l'outrager ! La vraie morale n'a qu'une meſure invariable pour fixer la grandeur des fautes ; les plus nuiſibles à la ſociété ſont les plus grandes à ſes yeux ; elle nous ordonne de ne point agir tant que nous sommes dans l'incertitude sur les effets de nos actions ; elle blâme indistinctement tout ce qui par soi-même ou par ses conséquences éloignées produit sur nous-mêmes & sur les autres des effets destructeurs ; elle ne trouve permis que ce que la raison approuve ; & la raison n'approuve que ce qui est conforme à notre nature propre & à l'intérêt de la société où nous vivons. Quelles que soient les décisions de la Religion, de la loi, de l'usage, de l'opinion, la saine morale ne peut regarder comme vertueuses que les actions vraiment utiles, & comme criminelles que les actions nuisibles au genre humain ; enfin elle décidera sans hésiter que tout ce qui nous nuit à nous-mêmes est une folie, & que tout ce qui tend à troubler la paix des hommes, à les opprimer, à les rendre malheureux, est un crime, que l'autorité du ciel & de la terre ne peut jamais justifier.

Sur quoi tombent pour l'ordinaire les scrupules & les remords que la Religion fait naître ? Quels sont les crimes que ses Ministres reprochent avec le plus d'aigreur ? Quelles sont ces transgressions qui, selon eux, allument toute la colere divine ? Hélas ! les fautes que la Religion condamne avec le plus de févérité ont, comme on a vu, rarement le bien public pour objet; elle nous apprend à fremir devant des mots, à éviter avec horreur des crimes fictifs, par lesquels elle prétend qu'un Dieu impaffible eft vivement offenfé. Ainfi des actions indifférentes, des paroles peu confidérées, des opinions involontaires, irritent le Tout-Puiffant contre fes foibles créatures. Aux yeux de la droite raifon, l'injuftice, la rapine, la médifance, la calomnie, la fraude, l'ingratitude, la dureté, font des crimes plus réels & plus graves que ces fautes prétendues qui ont pour objet un Dieu, à la gloire ou à la puiffance duquel on devroit fuppofer que l'homme eft incapable de nuire, d'après les idées mêmes que la Religion s'efforce de nous en donner. Les fautes que la fuperftition nous exagere, & que fuivant fes idées les hommes puniffent avec le plus de rigueur, font communément des chofes qui n'intéreffent aucunement le repos de la fociété.

Eft-il rien de plus propre à confondre nos idées fur la morale que le droit que le facerdoce s'arroge de forger des crimes & des vertus? Quelles font en effet ces vertus fi vantées auxquelles la fuperftition attache exclusivement la complaisance du ciel ? La premiere de ces vertus consiste dans une soumission aveugle aux dogmes & aux opinions que le sacerdoce nous propose, vertu à laquelle on met un si haut prix que quelques Docteurs ont eu le front d'enseigner qu'elle suffisoit pour sauver les hommes sans les œuvres. Il faut convenir en effet que cette prétendue vertu est la plus utile à la Religion & à ses Ministres ; elle doit être bien chere aux méchans, qui, en acquiesçant sur parole aux systêmes qu'on leur prescrit, ou en se dispensant de l'embarras de les examiner, se trouvent assûrés des bontés de leur Dieu, même sans rien changer à leur conduite criminelle, ou sans montrer aucune vertu aux êtres de leur espece. Cette foi, ce pieux aveuglement, ce renoncement total à la raison est une disposition si nécessaire dans les principes de la Religion moderne des Européens qu'elle a le front de proscrire les vertus les plus avantageuses au genre humain, dans ceux qui d'ailleurs ne sont pas soumis à ses décisions, à son culte, à ses Mysteres ; elle traite insolemment de vertus *fausses* toutes celles qui n'ont point sa croyance pour base. (25) Est-il

(25) Séneque *de vitâ beatâ cap. III* dit : *rerum naturæ assentior : ab illâ non deerrare, ad illius legem exemplum-*

donc rien de plus destructeur pour la morale que de faire mépriser ou de montrer comme des crimes les actions les plus honnêtes, les plus héroïques, les plus nécessaires à la race humaine ? La modération d'un Aristide ; la sagesse d'un Socrate ; l'inflexible équité d'un Caton ; les rares vertus d'un Antonin ne sont donc que des péchés aux yeux des hommes qui prétendent enseigner la morale ! La tempérance, la bienfaisance, l'humanité, l'équité, la modération d'un Infidele, d'un Idolâtre, d'un Philosophe, sont-elles donc des qualités moins estimables que l'injustice, la férocité, la barbarie d'un dévot ou d'un Prêtre? Gardons-nous de le penser; la vertu ne dépend ni du caprice, ni des rêveries théologiques; l'homme qui est bon & vertueux à Pékin ne peut être un méchant ni à Rome, ni à Paris, ni à Londres. Il n'y a que la superstition qui puisse fasciner l'esprit au point de croire qu'un homme ne puisse être honnête sans ajouter foi à ses fictions absurdes.

Cependant l'intérêt du Clergé voulut que des opinions si ridicules s'établissent ; tous ceux qui lui résistent lui deviennent inuti-

*que formari, sapientia est.* Il dit ailleurs (chap. II) *Habeo melius certiusque lumen quo a falsis vera dijudicem : animi bonum animus inveniat.*

les, & pour les rendre odieux à la société, il les défere comme des hommes sans mœurs & sans vertus; en conséquence le dévot se figure que ceux qui ne sont point soumis à sa Religion sont de mauvais citoyens, & qu'il n'est de vertus réelles que celles que prescrit le caprice de son Prêtre: celui-ci ne régle la morale que sur son intérêt. Les espérances que le sacerdoce donne pour une autre vie ne sont destinées que pour ceux qui lui auront été bien soumis dans la vie présente, qui lui auront humblement sacrifié leur raison, qui auront aveuglément adhéré à ses dogmes, qui auront été soigneux à remplir les devoirs qu'il a fixés, qui lui auront fait des largesses, qui se seront montré zêlés pour ses intérêts, qui auront marqué beaucoup d'amour à une Divinité, que dans toutes les Religions du monde ses Ministres ont représentée sous les traits les plus propres à repousser les cœurs. Comment en effet aimer sincérement un être inconnu par sa nature, mais que ses Prêtres pour leur intérêt ne laissent pas de peindre en tout pays comme le plus terrible & le plus malin des Tyrans? Par quelle fatalité la raison est-elle forcée de méconnoître les vertus que la théologie nous recommande? Par quel délire la superstition proscrit-elle les vertus que la raison approuve? Nous offensons les Dieux lorsque nous refusons de regarder comme des vertus le zêle farouche, la cruauté, la persécution qui sont des suites de l'amour divin; nous offensons la nature & la raison & nous devenons très-nuisibles à nous-mêmes & à nos semblables dès que nous tendons aux perfections fanatiques que la Religion nous propose.

La nature nous dit de nous conserver, de jouir, de travailler à notre bonheur, de rendre notre existence agréable: la raison nous apprend que pour faire partager aux autres les sentimens de l'amour que nous avons pour nous-mêmes, pour obtenir leur estime, leur reconnoissance & leurs secours, nous devons leur faire du bien ou leur montrer des vertus: quels motifs aurons-nous pour faire le bien si la Religion nous ordonne de nous haïr nous-mêmes, de fuir l'estime des autres, de nous avilir à nos propres yeux, de n'agir qu'en vue d'un Dieu que nous ne connoissons point, de renoncer pour lui plaire aux douceurs que la nature nous présente, de nous détacher des objets nécessaires à notre félicité? En nous vantant cette abjection d'ame qu'elle nomme *humilité*, la Religion ne briſe-t-elle pas l'unique mobile qui dans ce monde pervers pouſſe l'homme à bien faire, la ſeule récompenſe qui reſte à la vertu? Comment veut-on que celui qui s'eſt rendu inſenſible à l'eſtime de lui-même, ou à qui l'on fait un crime de s'aimer, ſoit jaloux de mériter la tendreſſe & l'eſtime de ceux avec leſquels le Deſtin le fait vivre? (26)

## CHAPITRE XII.

*Continuation du même ſujet. Des perfections fanatiques de la ſuperſtition.*

RENONCER à la raiſon, s'aveugler volontairement, fermer obſtinément l'oreille à la vérité, s'occuper uniquement de chimeres effrayantes, ſans jamais les concevoir; immoler à des rêveries les penchans les plus légitimes de ſon cœur; combattre

(26) Les Prêtres diſent toujours que c'eſt l'orgueil qui fait des incrédules, & que c'eſt aux humbles que Dieu ſe fait connoître. L'*humilité* n'eſt tant recommandée par les Prêtres Chrétiens que parce qu'ils ſentent le beſoin qu'ils ont de diſciples bien ſtupides qui ferment volontairement les yeux à toutes leurs ſaburdités.

avec zêle & détruire avec fureur ceux qui refusent de rêver comme nous ; sacrifier aux caprices de nos Prêtres notre bien-être & le repos de la société ; vivre dans les soupris & les larmes ; renoncer aux bienfaits que l'on croit néanmoins partir des mains de la Divinité ; mortifier ses sens, se rendre la vie insupportable ; défendre avec chaleur des préjugés que l'on n'a point examinés ; sceller, s'il le faut, son opiniâtreté de son sang ; telles sont les vertus étranges que la Religion appelle surnaturelles & divines, sans doute parce qu'elles sont contraires à la nature, parce que la raison n'en devine pas les motifs, ou seroit forcée, si elle les pesoit, de les désapprouver. Ce sont ces vertus qu'elle préfere à celles que par dédain elle nomme *humaines* ou *fausses*, parce qu'elles sont fondées sur l'essence de l'homme, utiles à son bonheur, nécéssaires au soutien des sociétés. (27) Elle fait bien plus

(27) Rien de plus désavantageux à la Religion Chrétienne que le parallele qu'on pourroit faire des Saints, des Héros, des Demi-Dieux, des grands Hommes, des Sages du Paganisme, avec les Saints & les Sages du Christianisme. Dans les premiers nous voyons des hommes courageux, remplis de grandeur d'ame, de bienfaisance, d'équité, & toujours occupés à rendre des services au genre humain. Dans les grands personnages que l'on propose aux Chrétiens pour modeles on ne voit que des Solitaires &

de cas de ces vertus fictives que de l'humanité, de la justice, de la concorde, de la grandeur d'ame, de l'activité. Sois cruel, méchant, inhumain, mais crédule, nous crie la superstition; sois doux, bienfaisant, modéré, & pense comme tu voudras, nous dit la vraie sagesse. Vis inutile sur la terre, rends-toi volontairement malheureux dans ce monde périssable, ne songe qu'à l'avenir, nous dit l'une; sois magnanime, actif, laborieux, nous dit l'autre; travaille à ton bonheur présent, rends-toi cher à tes concitoyens, mérite leur estime par tes services & tes vertus.

Depuis un grand nombre de siecles, il semble que la politique complice de la superstition n'ait cherché qu'à détruire dans les cœurs des hommes les seuls mobiles qui pouvoient les rendre vertueux en les rendant

des Moines abjects, des Martyrs enthousiastes, des Prêtres fanatiques & séditieux, des Docteurs embrouillés, des Pénitens inutiles au monde. Quelle comparaison entre Socrate & St. Dunstan; Cicéron & St. Augustin; entre Caton & Thomas Becket; entre Marc-Aurele & David! Un Saint, chez les Payens, étoit un Citoyen plein de courage & d'énergie. Un Saint chez les Chrétiens est ou un lâche sans ame, ou un scélérat turbulent, ou un persécuteur inhumain, ou un Martyr frénetique, ou un Théologien en délire. Pour peu que l'on considere les principes de la morale Chrétienne, on sera forcé d'avouer qu'elle ne tend qu'à séparer les hommes les uns des autres ou bien à les mettre aux prises par le saint zèle qu'elle leur inspire.

dant utiles à l'Etat. Les gouvernemens ont abandonné la morale aux miniſtres de la Religion, dont l'intéret ne fut jamais que de faire des rêveurs inutiles, des citoyens abjects, des fanatiques dangereux diſpoſés à les ſervir aveuglément. La théologie indifférente ſur les mœurs réelles ne s'eſt occupée que de ſubtilités, d'hypothèſes gratuites, de commentaires ſur les oracles de ſon Dieu; la ſoumiſſion à ſes déciſions lui fut bien plus avantageuſe que la raiſon, que la recherche de la vérité, que la vraie ſcience, que la morale; les gouvernemens perſuadés que la Religion leur ſuffiſoit pour conduire les peuples & les rendre ſoumis, & pour leur inſpirer le goût de la vertu, ou, peut-être, contens de commander à des ames avilies, ignorantes, vicieuſes & ſans mœurs, ſe bornerent à les forcer d'être orthodoxes & religieux, ſans jamais ſonger à les faire inſtruire de leurs véritables devoirs. La théologie polémique infecta & déſola le monde; on n'entretint les mortels que de dogmes, de myſteres, de mythologies, de commentaires ſur des livres obſcurs; on obligea les ſujets à croire ce qu'ils n'entendirent jamais, à ſe conformer à des cérémonies, à s'aſſervir à des uſages arbitraires; les Souverains ne penſerent ni à faire de bonnes loix, ni à récompenſer la vertu & les talens, ni à punir & décourager le vice & l'incapacité; la façon de penſer en matiere de Religion fut ſeule conſultée; à ce prix il fut permis d'être ſans mœurs & ſans vertus. Plus nous conſidérerons la Religion & plus nous verrons qu'elle détruit la morale & qu'elle détourne l'homme des objets vraiment dignes de l'occuper.

Quels ſont les importans avantages que les Nations recueillent des hommes que la Religion leur forme? Le dévot croit-il avoir rempli tous ſes devoirs, croit-il être bon Citoyen, bon Epoux, bon Pere; en un mot croit-il être bien utile, parce qu'il a mis dans ſa mémoire des dogmes qu'il n'entend pas; parce qu'il fréquente les temples aſſiduement; parce qu'il répete mille fois de vaines formules de prieres; parce qu'il aſſiſte fidélement aux cérémonies de ſon culte, parce qu'il écoute attentivement les inſtructions de ſes Prêtres; parce qu'il s'abſtient avec ſcrupule de certains alimens, parce qu'il fuit le monde & vit dans la retraite où il ſe repaît de ſpéculations ſtériles; parce qu'il partage ſon bien avec des Prêtres & des Moines, & leur rend ce qu'il a pris à la ſociété? Eſt-ce être citoyen que de ne rien faire pour ſon pays? Eſt-ce être un bon Pere que de négliger ſa fortune? Eſt-ce être bien utile que de perdre tout ſon tems en prieres? Cependant quiconque ſe conduit de la ſorte paroît un homme réglé & de bonnes mœurs aux yeux de la Religion, tandis que la ſociété n'en retire aucun fruit. (28).

Elle en retire encore bien moins de ces perfections prétendues que nous propoſent des Religions, qui ſe vantent pourtant d'être utiles & néceſſaires au genre humain. En effet en quoi conſiſtent ces perfections merveilleuſes? Ceux qui veulent y parvenir ſe vouent à un célibat volontaire qui dépeuple la ſociété, qui briſe les liens du citoyen avec ſa patrie, qui anéantit la tendreſſe pour ſes proches, qui fait ſouffrir la nature, forcée de réclamer contre un enthouſiasme dout elle eſt affligée. D'autres ſe refuſent aux plaiſirs les plus légitimes, ils croiroient irriter leur Dieu s'ils jouiſſoient de ſes bienfaits; ils s'imaginent plai-

(28) Des Docteurs ont enſeigné qu'un Chrétien ne pouvoit être ni Magiſtrat, ni Soldat, ni Marchand. Les Prêtres de l'Egliſe Romaine attachent une très-grande vertu au célibat: cette perfection ſublime a du moins l'avantage de les détacher de la ſociété. Nous voyons dans notre hiſtoire que l'idée de perfection attachée à la continence fut cauſe de l'extinction ſucceſſive de toutes les maiſons royales de l'*Eptarchie*.

re à l'auteur en déteſtant ſes ouvrages; ils pleurent, ils gémiſſent, ils ſe tourmentent, ils ſe mortifient, enfin ils ſe croient parvenus au comble de la perfection en ſe détachant de tout ce qui les entoure, en ſe haïſſant eux-mêmes, en rempliſſant leurs jours d'amertumes & de douleurs, en détruiſant peu-à-peu l'exiſtence que la nature leur ordonne de chérir & de conſerver. C'eſt ainſi que presque toutes les Religions de la terre nous montrent une foule d'inſenſés qui dans leur folie regardent comme des vertus la haine & le mépris de ſoi, l'eſclavage volontaire, la mélancolie, l'oiſiveté, les ſoupirs, la cruauté contre ſoi-même; en un mot des outrages perpétuels faits à la nature, ſans profit réel ni pour la ſociété, ni pour ſoi.

C'eſt néanmoins ſur ces idées abſurdes que ſe fonde la conduite étrange de tant de pieux forcenés que la ſuperſtition nous montre par-tout comme des modeles achevés de la perfection. Quelles vertus réelles le bon ſens peut-il démêler dans ces malheureux pénitens, pour avoir inventé mille manieres de ſe tourmenter en cette vie afin de mériter les joyes ineffables de l'autre? Quel mérite un homme ſenſé peut-il trouver dans ces enthouſiaſtes qui croyant ſoutenir les intérêts d'un Dieu dont ils n'ont point eu d'idées certaines & d'une Religion qu'ils avoient adoptée ſur parole, ont ſouffert la mort avec un courage digne d'une meilleure cauſe, ont affronté mille dangers pour répandre leurs préjugés merveilleux, ont cru ſe rendre chers à la Divinité en montrant une opiniâtreté plus forte que les Tyrans, les ſupplices & les bourreaux? Dans toutes les Religions du monde il s'eſt trouvé des hommes d'une imagination embraſée, d'un entêtement invincible, d'un courage à toute épreuve, qui ont cru que leur Dieu demandoit le ſacrifice de la vie qu'ils avoient reçue de lui & qui par leur conſtance dans les tourmens ont donné des ſpectacles mémorables dont l'humanité gémit, dont la raiſon rougit, mais dans leſquels la Religion trouve des preuves de ſa bonté.

Elle ne s'enorgueillit pas moins de ces Pénitens fameux qui ſemblent s'être diſputé à qui découvriroit les façons les plus rares de ſe tourmenter eux-mêmes. Quels avantages les ſociétés ont-elles recueillis de tant de Solitaires, d'inutiles Anachoretes, de Cénobites auſteres, de Fakirs frénétiques, de Talapoins inſenſés que la crédulité révere par-tout & que la ſuperſtition admire comme des chefs-d'oeuvres de vertu? Que verrons-nous dans ces désespérés & dans leur conduite étrange, sinon une profonde mélancolie nourrie par l'idée d'un Dieu barbare, & peut-être une vanité flattée de l'idée de se distinguer du commun des mortels & d'arracher leur admiration? Pénitens insensés! est-ce donc un Dieu bon que vous croyez servir en devenant les ennemis de vous-mêmes? Avouez votre démence, c'est un mauvais génie, c'est un Démon que vous adorez: c'est d'un Pere bizarre qui se plaît à voir ses enfans affamés & dans les pleurs que vous êtes les enfans: c'est d'un Tyran furieux qui aime à voir régner la désolation autour de lui que vous croyez dépendre. Si votre Religion n'étoit pas à tout moment en contradiction avec elle-même, ne vous diroit-elle pas qu'un Dieu bon ne peut être flatté de vos tourmens; qu'un Dieu qui sçait tout, connoît ce qu'il vous faut sans que vous le fatiguiez par d'éternelles demandes? Ne sentiriez-vous pas vous-mêmes que jouir de ses bienfaits c'est entrer dans ses vues, c'est lui rendre vos hommages? S'il chérit ses créatures, n'est-ce pas le servir que de leur être utile? Aimer les ouvrages de ses mains n'est-ce pas l'aimer lui-même? En jouir n'est-ce pas s'exciter à la reconnoissance envers lui?

Mais sous un Dieu que l'on croit bien

moins l'ami que l'ennemi du genre humain, les esprits sont forcés de s'égarer à force d'idées lugubres; & par une conséquence nécessaire c'est par la tristesse & les gémissemens que l'on s'imagine le servir & désarmer sa colere. Ce fut-là, sans doute, le point de vue qui frappa une foule d'extravagans; par un maintien grave, par une conduite austere, par de la misantropie, par de la mauvaise humeur, par des privations cruelles & par mille supplices étudiés, ils n'ont paru vouloir annoncer aux hommes que le méchant caractere du maître qu'ils servoient. Un Dieu plein de rigueur doit faire disparoître la gayeté: il faut se conformer à son humeur sombre & sauvage: voilà pourquoi le superstitieux en tout pays se crut obligé de vivre séquestré, de faire divorce avec les plaisirs, de se séparer des objets qui pouvoient le détourner de ses sombres idées.

L'orgueil, comme on l'a fait entendre, eut, sans doute, beaucoup de part à l'étrange conduite de ces personnages dont la Religion fait ses héros. (29) La singula-

(29) On peut appliquer aux Pénitens & aux Cyniques de toutes les Religions ce que Quintilien disoit aux Cyniques de son tems. *Vos verò, novo genere ambitûs, adorationem miseriâ captatis.*

rité attire les regards du vulgaire ; un genre de vie pénible lui en impose ; les tours de force l'éblouissent, il finit par regarder comme des favoris du ciel, comme des hommes divins & surnaturels, ceux qui paroissent avoir triomphé de la nature, & s'être mis au dessus de ses besoins. Si nous regardons sans prévention les motifs de la conduite de la plupart des enthousiastes que la superstition admire, nous trouverons qu'une imagination impétueuse ou bien une mélancolie profonde leur font entreprendre leur genre de vie pénible ; des espérances vagues, & plus souvent encore l'orgueil, les y soutiennent ; la vénération des peuples les paye avec usure des maux volontaires qu'ils se font : ceux-ci s'imaginent follement que leur Dieu ne peut sans injustice se dispenser de récompenser & de chérir des mortels qui ont eu le courage de souffrir, de renoncer aux plaisirs, de tout quitter pour lui ; ils le croient obligé de faire part de sa gloire à des fous qui lui font ces inutiles sacrifices ; ils ne doutent pas que ces hypocondriaques sacrés n'ayent du crédit à sa Cour, & que leurs prieres ne soient très-efficaces auprès de lui. Enfin le Pénitent se persuade à lui-même qu'il a bien mérité de son Dieu, qu'il est obligé de lui savoir gré & de l'estimer de sa pusillanimité, de sa mélancolie, de son fanatisme, & même de sa vanité puérile.

Nous avons déjà parlé plus d'une fois de cette vertu inquiette & turbulente, de cette fièvre sacrée que la Religion a nommée zêle; elle est fondée sur un attachement aveugle à la cause prétendue de son Dieu & sur la nécessité d'étendre son empire. Cette vertu si vantée & souvent si destructive non seulement porte le désordre dans une nation, mais encore ceux qui la possedent sont poussés à des entreprises hazardeuses dont ils deviennent communément les premieres victimes: c'est au zêle que plusieurs sectes sont redevables de ces enthousiastes infatigables qu'on voit aller au bout du monde porter les oracles & le culte de leur Dieu: ils se figurent que, semblable aux Souverains ambitieux de la terre, il aime à voir augmenter son Domaine; en conséquence ils traversent les déserts & les mers pour lui former des Colonies; ils vont aux dépens de leur sang lui acquérir de nouveaux sujets. Cependant leur zêle est souvent mal récompensé dans ce monde; les Dieux qu'une possession antérieure a rendu maîtres du pays punissent les téméraires qui viennent les y troubler.

De toutes les passions il n'en est point

que la Religion flatte & rende plus indomptable que la vanité ; c'eſt un ſang bouillant, une bile très-âcre, un tempérament colere qui forment les zélés : joignez à ces diſpoſitions beaucoup d'ignorance, d'orgueil & de préſomption, ce zêle deviendra d'une opiniâtreté invincible. Rien n'eſt plus opiniâtre qu'un homme dont la Religion a dépravé la conſcience ; rien de plus inflexible qu'un ignorant qui ſe croit inſtruit & ſe flatte d'avoir ſon Dieu pour lui, de combattre pour ſa cauſe, de l'avoir pour témoin de ſon courage & de ſon zêle. Lors même que les hommes le blâment, il n'en devient que plus obſtiné dans ſon délire ; ſon orgueil le ſoutient contre tout l'univers, il regarde ſon entêtement comme l'effet des ſecours divins, il ne lui vient aucun doute ſur la bonté de ſon jugement, il abonde dans ſon propre ſens, il n'examine rien, il regarde ſon aveuglement comme ſacré, & ſans envifager les conſéquences il ſe jette tête baiſſée dans les plus grands dangers. Le fanatique ignorant & de bonne foi eſt ſouvent plus à craindre que l'impoſteur & l'hypocrite. Ce ſont des perſonnages de cette trempe que nous voyons dans ces champions qui portent ſouvent le trouble au ſein des nations, & qui pénétrés de la bonté de leur cauſe ne cedent jamais à des considérations humaines. Il n'eſt point de désordres que l'on n'excite ſans ſcrupule dès qu'on ſe perſuade que l'on défend ſon Dieu, tandis que l'on ne défend que ſa vanité propre, ſon ignorance préſomptueuſe, ſes préjugés imbécilles; l'univers dût-il en périr on riroit au milieu de ſes ruines; l'opiniâtreté religieuſe ſera toujours capable d'ébranler les Etats. (30)

Tels ſont les hauts faits & les vertus fatales des différens héros dont la Religion orne ſes faſtes; telles ſont les qualités merveilleuſes auxquelles elle décerne des palmes & des triomphes, ce ſont-là les perfections vers leſquelles le fanatiſme ordonne à ſes victimes de tendre ſans relâche. La contemplation, la priere, la retraite, l'oiſiveté, le renoncement au monde & à ſes plaiſirs, le mépris de la raiſon, de l'expérience, de la ſcience, les auſtérités, des

(30) Un grand zêle ſuppoſe toujours très-peu de lumieres & de jugement. Les Juifs, parmi les quatre choſes, qui ſuivant leurs Rabbins détruiront l'univers ou ameneront le Jugement univerſel, comptent *un homme bien religieux & bien ſot.* L'Egliſe Chrétienne a eu beaucoup d'hommes de cette trempe: les plus grands Héros du Chriſtianiſme ont été ou des ambitieux intrigans & turbulens, ou des imbéciles fortement attachés à leurs préjugés, & qui les ſoutenoient avec opiniâtreté S. Athanaſe. S. Cyrille & notre Thomas Becket de Canterbury &c. ont été viſiblement des ſéditieux, ou des fous, que l'intérêt ou la ſottiſe animoient à troubler l'Etat pour l'acquit de leur conſcience. L'ignorance eſt la mere de la dévotion; l'ignorance obſtinée & bouillante eſt la mere du zêle.

tours de force, enfin le courage d'affronter la mort en troublant la société; telles sont les éminentes vertus par lesquelles les fondateurs & les soutiens d'un grand nombre de sectes se sont distingués aux yeux du vulgaire.

Les peuples imbécilles demeurent stupéfaits à la vue de ces personnages inimitables; mais leur admiration n'est point stérile; on comble bientôt de richesses, d'honneurs, & de présens ces favoris des Dieux: le renoncement aux choses de la terre leur vaut peu-à-peu la plus grande opulence. Les nations séduites par l'humilité fastueuse de ces grands personnages se dépouillent pour enrichir ceux qui s'étoient d'abord voués à la pauvreté; elles s'empressent d'élever & de distinguer des hommes qui font gloire de mépriser les grandeurs; on fait nager dans le luxe ceux qui s'étoient d'abord refusé le nécessaire. Ce fut ainsi que les successeurs des enthousiastes indigens qui fonderent la Religion Chrétienne, sont devenus peu-à-peu des Princes puissans qui marcherent égaux aux Rois & qui souvent les forcerent de leur céder le pas (31).

(31) En Angleterre, sous nos Rois Saxons l'on expioit un meurtre par une amende. Une Loi d'Alfred fixoit un prix à la vie du Roi même; mais la composition pour la vie de l'Archevêque-Primat, étoit plus forte que pour celle du Souverain. Dans le Droit Canonique de l'Eglise Romaine

Un respect héréditaire les rendit vénérables aux yeux des peuples prévenus lors même qu'on ne trouva plus en eux la moindre trace des vertus ridicules qui faisoient admirer leurs prédécesseurs.

La vertu, on ne peut trop le répéter, est l'utilité du genre humain; l'oisiveté ne peut être utile; la contemplation, la priere, la retraite ne peuvent être avantageuses; des macérations, des tourmens gratuits, la misantropie, la bile, le fanatisme & l'opiniâtreté ne peuvent être mis au nombre des vertus. Ainsi la superstition par ses fausses vertus, par la supériorité qu'elle leur donne sur les véritables, par les devoirs extravagans qu'elle substitue à celles-ci, loin d'être l'appui de la morale ne paroît inventée que pour l'affoiblir ou la détruire. Enfin les dogmes & les principes fondamentaux d'une Religion qui sert un Dieu revêtu de qualités, sont incompatibles avec la droite raison. Les principes deviendront incertains & chancelans, même en supposant un Dieu bon, dès que l'on

le Pape est comparé au Soleil & l'Empereur à la Lune: celui-ci doit être soumis au Pape, qui ne l'est à personne. Le Pape a deux glaives, l'un *spirituel* & l'autre *matériel;* ce dernier est entre les mains des Rois, mais doit être employé sous le bon plaisir du Pontife. L'Empereur est une *Lime* qui ne peut agir si le Pape ne la tient dans sa main. *V. les Décrets de Gratien.*

prétendra que ce modele de nos devoirs n'eſt point aſtreint aux régles ordinaires, ou qu'il a pu ſe départir un inſtant de l'équité, de la bienfaiſance & de la bonté. Comment allier une morale aſſurée avec une Religion dont le premier dogme eſt que la Divinité a pu permettre que l'homme la plus chérie de ſes créatures ſuccombât à une tentation qu'elle avoit elle-même placée ſur ſon chemin, & s'eſt prévalu de ſa faute pour le punir & envelopper dans ſa disgrace toute ſa race innocente ? Eſt-il bien poſſible de concilier la morale avec une Religion qui nous apprend qu'un Dieu, ayant trompé les hommes, les punit injuſtement, & en fait les jouets de ſes cruelles fantaiſies ? Si l'on vouloit combiner une Religion ſi monſtrueuſe avec la ſaine morale, celle-ci ſubordonnée à la premiere ou ſeroit renverſée, ou ne ſeroit jamais ſûre de rien.

# CHAPITRE XIII.

*La superstition contredit, confond & détruit les vraies idées de la vertu. Principes naturels de la Morale.*

De la contradiction si palpable qui se trouve très-souvent entre les dogmes fondamentaux que toute Religion nous enseigne & les vrais principes de la morale, il en résulte des inconvéniens marqués pour la derniere; la morale est toujours combattue par le dogme, & par ce choc elle est presque toujours affoiblie ou anéantie. Le dogme vient du ciel, il sert de base à la Religion, par conséquent il doit l'emporter sur la morale, qui vient des hommes, & qui n'a que le genre humain pour objet. Le dogme ne peut changer, la foi est invariable; les faits que l'on raconte de la Divinité étant supposés indubitables par l'homme religieux, doivent régler sa conduite, il doit imiter son Dieu, & si ce Dieu a commis souvent les actions les plus atroces & les plus noires, c'est en vain que la raiſon voudra l'en détourner, le dogme plus reſpectable qu'elle, lui apprendra ce qu'il doit faire. Dans une Religion qui enſeigne que la Divinité a pu être dans mille occaſions l'auteur ou le fauteur du crime, du maſſacre, de l'injuſtice, de la perſécution, de l'intolérance, on ne voit pas de quel droit la morale s'ingéreroit de dire aux hommes de s'abſtenir de la violence, de vivre en paix, de ſuivre invariablement les régles de la juſtice & de l'humanité. Si l'on nous réplique que ce même Dieu a donné des preuves de ſa bonté, il en réſultera que celui qui l'adore & l'imite peut être bon & méchant, ſuivant que ſon tempérament & les circonſtances l'exigeront.

Ainſi la morale enſeignée par toute Religion, qui ſuppoſe néceſſairement un Dieu changeant, ne ſera jamais que douteuſe; elle dépendra de l'intérêt & du caprice de chaque ſuperſtitieux, & du point de vue ſous lequel il enviſagera ſon céleſte modele, qui tantôt ſe montre à lui ſous les traits de la bonté & tantôt ſous ceux de la mêchanceté; c'eſt à lui de choiſir à quel Dieu il lui convient de reſſembler. Demandez à la Religion Chrétienne ſi l'humanité, la concorde, & l'amour

mour du prochain ſont des vertus ; elle vous répondra ſans héſiter que ſon fondateur recommande ces diſpoſitions comme les plus eſſentielles pour plaire à la Divinité : demandez aux Miniſtres de cette même Religion ſi le féroce Moyſe, ſi le barbare David, ſi tant de Rois ſanguinaires & zêlés qui ont égorgé, perſécuté, tourmenté des hérétiques, ont été agréables à leur Dieu ? Ils vous diront qu'ils ont été dévorés d'un ſaint zêle qui doit l'emporter ſur l'humanité, la douceur & l'amour du prochain.

L'on ne peut cependant disconvenir que la Religion ne ſoit quelquefois d'accord avec la raiſon. Pour bien tromper les mortels, il eſt important d'allier le menſonge avec la vérité ; il faut leur perſuader qu'on veut les rendre heureux ; il faut les ſéduire & les éblouir ; ils ſeroient infailliblement révoltés d'une Religion viſiblement contraire en tout point aux intérêts de leur nature, & qui leur déclareroit qu'elle vient anéantir la morale. Ainſi la Religion eſt forcée d'emprunter le langage de cette raiſon, qu'elle défend néanmoins de conſulter & d'exercer ; elle eſt obligée de ſe ſervir de la morale pour attirer les mortels ; ſes Apôtres & ſes

Miſſionaires les ſéduiſent par une conduite modérée, par des vertus, au moins apparentes, par des mœurs rigides, par une conduite réglée, par des leçons utiles dont ils entremêlent leurs folies. Ainſi la morale eſt un marche-pied dont la Religion s'eſt quelquefois ſervie pour s'élever ſur le Trône; dès qu'elle y eſt parvenue elle la mépriſe, elle la néglige, elle la force de céder le premier rang à cette morale fictive qui n'a que l'imagination pour baſe, & l'intérêt des Prêtres pour objet. Alors les vertus fondées ſur les rapports ſubſiſtans entre les chétives créatures, ſont des vertus ſecondaires; la Religion ne ſouffre point qu'on les compare avec celles qu'elle fonde ſur des rapports imaginaires. Par-tout où le ſyſtême religieux domine, les intérêts de la terre doivent être néceſſairement ſubordonnnés à ceux du ciel; & ſi Dieu nous commande d'être cruels, fanatiques & rebelles, c'eſt en vain que la morale & la politique nous diront d'être humains, indulgens & ſoumis. Dès que la ſuperſtition eſt la plus forte, la raiſon eſt forcée de ſe taire; la morale devient ſa ſervante, elle n'eſt écoutée qu'autant qu'elle parle conformément aux vues de ſa maîtreſſe impérieuſe, & preſque toujours en délire. La Religion a ſeule l'oreille du maître de toutes choſes ; elle eſt ſeule dépoſitaire de ſes intentions cachées ; elle jouit excluſivement du pouvoir d'attirer ou de déſarmer ſon courroux ; ainſi c'eſt elle ſeule qu'il faut ſuivre, & ſes préceptes tiennent lieu de tout aux yeux de ſes ſectateurs.

Il ne faut qu'ouvrir les yeux pour reconnoître l'inefficacité des notions religieuſes pour rendre les hommes meilleurs ; les idées d'un Dieu vengeur & rémunérateur ne peuvent rien contre les paſſions de ceux qui en paroiſſent le plus fortement convaincus ; les Tyrans & les Prêtres même qui fondent tous leurs droits ſur la Religion, n'en ſont ni plus juſtes, ni plus réglés dans leurs mœurs, ni plus vertueux : que dis-je ! nous avons montré que les nations les plus religieuſes & les plus orthodoxes ſont communément les plus plongées dans l'ignorance de la ſaine morale ; n'en ſoyons point ſurpris ; la Religion perſuade aux hommes qu'elle leur ſuffit ; elle leur fait une morale accommodée aux intérêts de ſes Miniſtres ; elle expie tous les forfaits, elle calme tous les remords, elle réconcilie avec Dieu ; par ſon crédit puiſſant, elle procure les récompenſes éternelles à ceux-mêmes qui les ont le moins méritées ; ces avantages peuvent-ils être mis dans la balance avec ceux que la morale procure ? D'ailleurs rien de plus aiſé que d'être religieux, tandis que, dans la préſente conſtitution des choſes, rien de plus difficile que d'être vertueux. L'univers eſt rempli d'hommes religieux ; il eſt des nations entieres chez lesquelles perſonne n'a jamais douté des dogmes qu'on leur annonce, la vertu y eſt-elle plus commune pour cela ? Les ſociétés en ſont-elles plus heureuſes de ce que les Tyrans qui les oppriment obſervent ſcrupuleuſement des pratiques religieuſes ? Une nation en eſt-elle moins vexée parce que ſon Deſpote dévot, accompagné d'une foule de courtiſans hypocrites, va au temple implorer la clémence du ciel ſur un peuple que ſes oppreſſions, ſes injuſtices & ſes folies retiennent dans la miſere ? Il ſemble que la Religion ne ſoit faite que pour jouer les hommes, ou pour leur donner le change ſur les auteurs de leurs maux. Qu'importe-t-il aux nations que ceux qui les gouvernent ſoient religieux ou impies ? Un Tyran crédule eſt-il moins un Tyran que celui qui ne croit point à la Religion ? Un Miniſtre, un Courtiſan, un Prêtre, qui pillent, qui trompent, qui oppriment les peuples, en ſont-ils donc des hommes moins nuiſibles parce qu'ils allient l'ignorance & la crédulité à tous leurs crimes? La Religion, loin de rendre les hommes plus vertueux, leur fournit des moyens de ſe diſpenſer de l'être; elle ſanctifie les fraudes du ſacerdoce; elle juſtifie, elle expie les crimes de la Tyrannie; elle réconcilie avec Dieu tous ceux qui ont outragé & offenſé ſes malheureuſes créatures. Ainſi, loin de rendre la morale plus reſpectable, elle invite à violer ſes régles, elle émouſſe les aiguillons de la conſcience; mais jamais d'un ſcélérat elle ne parvient à faire un homme honnête & vertueux.

Que l'on ne nous parle point de ces changemens merveilleux que la Religion opere ſur les cœurs des hommes; de ces *converſions* éclatantes, qui, de l'aveu même de ceux qui les vantent, ſont ſi rares qu'on les regarde comme des effets ſurnaturels de la grace divine. En bonne foi la vraie morale gagne-t-elle beaucoup à ces prodigieux changemens, à ces révolutions ſubites qui ſe font dans le tempérament ou la conduite de quelques hommes, touchés par la Religion? La ſociété eſt-elle bien dédommagée des vices & des crimes dont elle a longtems souffert, parce que ceux qui les ont commis ont tout d'un coup pris le parti de fréquenter les Temples, de multiplier leurs prieres, de pratiquer des jeûnes & des austérités, de vivre dans la retraite, de fuir le grand monde, de renoncer à ses plaisirs, sans songer à réparer tous les maux qu'ils ont faits? La Religion osera-t-elle se vanter de rectifier ces penchans habituels qui enchaînent l'homme à ses vices? Fera-t-elle d'un Conquérant, incommode à ses sujets & à ses voisins, un Monarque paisiblement occupé du soin de rendre ses Etats heureux? Amollira-t-elle le cœur inaccessible d'un avare qui toute sa vie ne fait que thésauriser? Déterminera-t-elle un Courtisan hautain, un Ministre injuste, à renoncer à leurs vexations, à leur orgueil dédaigneux? Engagera-t-elle un voleur public à restituer ses biens à la société ou à s'abstenir de ses rapines? Non, sans doute; la Religion opere rarement de pareils miracles. Que résulte-t-il donc de ces importans changemens, qu'on lui attribue & qu'elle nous montre comme capables de réjouir la Divinité & toute sa cour céleste? Chacun dans les remedes que sa Religion lui propose, consulte son propre tempérament, il fait choix de ceux qui ſont les plus analogues à ſes paſſions & à ſes intérêts & qui lui coûtent le moins. Ainſi l'homme colere, impérieux & d'un ſang échauffé, deviendra zêlé, perſécuteur, intolérant; l'homme d'une imagination forte deviendra fanatique, l'homme bilieux & mélancolique ira dans la retraite nourrir ſa miſantropie; l'avare conſentira à faire de fréquentes abſtinences; le prodigue verſera ſon bien dans le ſein des pauvres; la femme, jadis diſſolue, ennuyée de ſes galanteries, aimera ſon Dieu d'après la vivacité de ſon tempérament, & deviendra peut-être une dévote inſpirée.

Ainſi chacun de ceux que la Religion a touchés ne fera que donner un nouveau cours à ſes paſſions habituelles, & croira plaire à ſon Dieu en ſe livrant, en vue de lui, à leurs impulſions. Les changemens merveilleux que la Religion opere conſiſtent toujours à tourner vers des chimeres les paſſions qui avoient antérieurement d'autres objets; ſes guériſons ſe bornent à appliquer des remedes idéaux à côté d'un mal réel. La ſociété ne peut rien gagner à une dévotion, ſi ſouvent incommode, à des prieres & des jeûnes inutiles, à des auſtérités inſenſées, à ces viſions extatiques, qui ſuccedent à des vices dans ceux qui l'ont troublée. Une nation longtems tyrannisée, dépouillée, réduite à la mendicité, ſe trouvera-t-elle bien dédommagée par les regrets tardifs d'un Monarque puſillanime qui, au lit de la mort & dans l'impuiſſance de lui nuire déſormais, demandera pardon à ſon Dieu du mal qu'il lui a fait pendant toute ſa vie? Si quelqu'un méritoit de mourir dans le déſespoir, ce ſeroit, ſans doute, ces hommes de ſang, dont la vie n'a été qu'un tiſſu de crimes & d'injuſtices; la Religion ne devroit point écarter de leur couche les torches des furies; leurs exemples effrayeroient au moins le crime audacieux & puisſant; leur ſupplice & leurs remords en imposeroient, peut-être, à ces monſtres cruels qui ſe font un jeu du malheur, des ſoupirs & des larmes des peuples.

En ſuppoſant les changemens que les idées religieuſes produiſent dans les cœurs des hommes, plus utiles, plus réels ou plus fréquens qu'ils ne ſont, nous trouverons toujours, en prenant la balance, que les biens que la ſuperſtition fait aux hommes ne peuvent ſe comparer aux maux continuels & ſans nombre qui en ſont les ſuites immédiates & néceſſaires. Si ſes terreurs & ſes menaces influent quelquefois ſur les mœurs de quelques individus, mettent un frein à des paſſions peu fortes, contiennent quelques hommes timides, que le tempérament, que l'éducation, l'opinion publique & la crainte des loix auroient déja ſuffiſamment contenus, ces foibles avantages peuvent-ils donc dédommager la race humaine des plaies réitérées que le fanatiſme lui fait en tout tems? Les déſordres & les calamités que la Religion produit ſont vaſtes & journaliers, ils ſe font ſentir à chaque inſtant à des nations entieres; les biens qu'elle peut faire, s'ils exiſtent, ſont rares, ſont perſonnels & particuliers, ſe bornent à quelques individus que leur tempérament n'invite point fortement au mal. Pour un bras que la crainte des Dieux arrête, il en eſt cent mille qu'elle arme pour la deſtruction. Les fureurs religieuſes ſont des épidémies; lorſqu'elles ſont allumées, ni la raiſon, ni les loix, ni la puiſſance ſouveraine ne peuvent plus les arrêter.

En un mot ſi nous peſons les avantages & les déſavantages de la Religion, nous verrons que les maux qu'elle a faits ſont immenſes comme l'océan, & que les biens qu'elle peut faire ſont comme une goutte d'eau. Comparons en effet les guerres, les persécutions, les tyrannies, les troubles, les assassinats, les violences que le nom de Dieu a fait commettre sur notre globe, avec le bien qui a pu résulter dans chaque siecle de la bonne conduite de quelques hommes qui, même sans Religion, eussent été d'honnêtes gens. Un remede, justement décrié pour avoir empoisonné des Nations entieres, seroit-il donc avantageux parce qu'il auroit guéri deux ou trois citoyens, ou parce qu'il n'auroit pas fait périr quelques individus d'un tempérament plus sain & plus robuste que les autres ? Il est sans doute des poisons capables de procurer quelquefois une guérison, ou plutôt des soulagemens momentanés, à des hommes bien constitués, mais ils finissent par détruire & par donner la mort au plus grand nombre de ceux qui les emploient.

Plus nous considérerons les choses & plus nous aurons lieu de nous convaincre que la Religion fut en tout tems un flambeau dont la lumiere trompeuse ne servit qu'à égarer les mortels & embraser leur séjour. Ce flambeau secoué par le fanatisme, l'imposture & la Tyrannie, ne fit qu'allumer des passions cruelles, des fureurs inextinguibles, des discordes fatales, & produire des révolutions sanglantes. Par les diſputes religieuſes, toujours ſuites néceſſaires de ſyſtémes qui n'ont de fondement que dans l'imagination des enthouſiaſtes ou l'intérêt des fourbes, qui n'ont que l'ignorance opiniâtre & préſomptueuſe pour garant, que l'autorité & la violence pour preuves, l'homme fut preſque toujours ſéparé de l'homme ; ſon cœur fut déchiré par des haines immortelles, ſes notions ſuperſtitieuſes ne le rendirent actif que pour ſe nuire à lui-même, & incommode aux êtres que la nature devoit lui rendre chers. Loin de lui inſpirer des vertus, la Religion le rendit eſſentiellement injuſte, inhumain, emporté, malfaiſant; ou ſi elle le rendit paiſible, elle ne fit que le plonger dans le chagrin, la langueur, l'apathie & l'inaction.

Cette Religion qui ſe vante de fortifier la morale en ſappe donc réellement les véritables fondemens; elle en fait un édifice flottant en l'air, en l'établiſſant ſur des Dieux incompréhenſibles, ſur des révêlations incroyables, ſur des préceptes abſurdes & contradictoires, ſur des oracles qui ſi ſouvent combattent la nature, la raiſon, les intérêts de l'eſpece humaine: les vertus qu'elle recommande & les devoirs qu'elle impoſe ſont non ſeulement puériles & inutiles, mais ſouvent encore ſont déteſtables aux yeux de la ſageſſe. Enfin tous nous prouve que l'homme religieux ne peut être humain, tolérant, bienfaiſant, s'il n'eſt inconſéquent, ou s'il ne renonce dans la pratique aux principes deſtructeurs de ſa Religion, qui veut qu'il ſacrifie les intérêts les plus évidens, ceux de la vertu & de la raiſon même, dès qu'il s'agira des intérêts cachés de la Divinité.

Ainſi diſtinguons pour toujours la morale, d'une Religion qui ne s'identifie avec elle que pour la détruire: ne confondons plus cette morale évidente avec un amas de chimeres, qui depuis tant de ſiecles la défigurent au point de la rendre totalement méconnoiſſable; ſéparons la vérité de l'alliage impur du menſonge & de l'impoſture; montrons ſon éclat aux hommes; que ſa lumiere les éclaire, & les faſſe marcher d'un pas ſûr vers l'utilité, vers la vertu réelle, d'où dépend leur bonheur ſur la terre. Eteignons les noirs flambeaux de la ſuperſtition, qui après avoir obſcurci nos yeux ne nous font marcher qu'à tâtons, nous font chanceller à chaque pas, & qui ſous prétexte de nous conduire à un bonheur lointain que l'imagination nous montre dans les cieux, ne nous permettent point de regarder à nos pieds, & de jouir de celui que la raiſon nous préſente. Au lieu d'une morale myſtique, ténébreuſe, ſurnaturelle, donnons aux hommes une morale claire, ſociable, naturelle; la Religion eſt fondée ſur l'enthouſiaſme & le merveilleux; la Morale a pour objet les intérêts de l'homme; la Religion a pour objet les intérêts des ennemis des hommes; la Morale a l'expérience, la raiſon, la vérité pour ſes garans; la Religion n'a pour garans que l'ignorance, l'impoſture & la tyrannie. La Morale éleve le cœur de l'homme, lui montre ſa dignité, lui enſeigne ſes droits, lui inſpire de l'activité, de l'énergie, du courage; la Religion l'épouvante, le dégrade, ne l'occupe que de ſa baſſeſſe, comprime le reſſort de ſon ame, le met au déſeſpoir & finit communément par le rendre furieux. La Morale dit à l'homme de travailler à ſon bonheur; la Religion lui preſcrit de ſe priver de tous les objets propres à le rendre heureux, ſous peine d'encourir la colere d'un Dieu, dont le plaiſir eſt de voir gémir ſes créatures infortunées. La Morale dit à l'homme de chérir les êtres qui l'entourent; la Religion lui dit d'aimer par deſſus toutes choſes un Tyran odieux, qui lui feroit un crime de ſa tendreſſe pour de viles créatures. La Morale lui dit d'être doux, humain, pacifique, indulgent; la Religion lui fait un devoir d'être zêlé, persécuteur, haineux, séditieux, toutes les fois qu'il s'agira de la cause de son Dieu, ou de ses Prêtres. La Morale lui dit d'être raisonnable; la Religion lui fait un crime d'écouter sa raison. Des bornes immobiles doivent donc à jamais séparer l'empire de la Morale & celui de la Religion; ils ne sont point faits pour s'unir, leurs intérêts ne peuvent se confondre; leurs sujets ne peuvent s'allier; ceux de l'une ne peuvent être les amis de ceux de l'autre, ils ne peuvent combattre sous les mêmes étendarts.

Que l'on ne nous dise donc plus que la Morale sans le secours de la Religion seroit insuffisante pour rendre les hommes bons & vertueux. Seroit-il donc plus difficile d'inculquer dès l'enfance à des êtres raisonnables des vérités utiles & palpables, que des rêveries nuisibles & dépourvues de vraisemblance, que des contradictions sensibles, que des mysteres & des fables révoltantes pour le bon sens? Est-il plus aisé de leur faire comprendre ce que c'est qu'un Dieu voilé de nuages, que de leur faire connoître l'homme & sa véritable nature? Trouve-t-on plus d'embarras à leur faire sentir leurs devoirs véritables, la conduite qu'ils doivent tenir par intérêt pour eux-mêmes, qu'à leur remplir l'esprit d'hypothèses inintelligibles, de dogmes merveilleux, ou qu'à les soumettre à des cérémonies futiles, à des pratiques gênantes, à des rites dont le bon sens ne peut deviner l'utilité? L'homme seroit-il donc plus disposé par sa nature à prendre des opinions fausses & avilissantes, que des vérités propres à élever son ame, à l'ennoblir à ses propres yeux, à le consoler, à lui donner du ressort? Est-il plus difficile de le convaincre qu'il doit s'aimer & s'estimer lui-même, qu'il est fait pour travailler à son propre bonheur, que de lui persuader de se haïr, de se nuire, de s'affliger? Trouve-t-on plus de facilité à l'anéantir, à en faire un esclave, à l'abrutir, qu'à lui montrer ses prérogatives & ses droits? En un mot peut-on de bonne foi prétendre qu'un être doué de sens eût plus de peine à placer dans sa mémoire les leçons si simples, si claires, si évidentes de la vraie morale, que les préceptes inintelligibles, que les fables bizarres, que les dogmes absurdes, que les mysteres & les articles de foi de sa Religion? La théorie ou la pratique des vrais devoirs de l'homme sont-elles plus difficiles à saisir que les élémens d'un art quelconque, que les principes d'une ſcience, ou même que les connoiſſances, ſouvent très-compliquées, qu'exige le mêtier d'un Artiſan?

C'eſt à la Théologie & à ſes vains ſophiſmes qu'il faut s'en prendre, ſi la morale eſt devenue une ſcience obſcure, remplie d'énigmes & de contradictions, dont l'enſemble fut impoſſible à ſaiſir même par les penſeurs les plus profonds. Par ſon moyen la ſcience des mœurs, fondée ſur des principes immuables, fut ſoumiſe aux caprices des Dieux, ou plutôt de ceux qui les firent parler. (32) Nous avons fait voir dans tout le cours de cet ouvrage les conſéquences fâcheuſes qu'eurent les notions affligeantes qu'on inſpira aux mortels ſur la Divinité, toujours modifiée par l'enthouſiaſme, l'impoſture & l'intérêt; toujours deſpotique, injuſte, & peu morale; toujours propoſée comme modele, malgré les traits hideux ſous leſquels on ſe complut à la peindre; cette Divinité devint le germe fécond de tous les égaremens du genre humain;

(32) Il eſt aiſé de voir que Platon & Pythagore ont puiſé leur morale myſtique chez les Prêtres Egyptiens. La morale eſt de toutes les ſciences la plus claire, la plus ſimple; c'eſt la rendre inutile que de la rendre myſtérieuſe; c'eſt la rendre inconcevable que de la combiner avec la Religion, qui n'eſt jamais qu'un tiſſu de fables, d'allégories & de myſteres.

main; la nature disparut auprès d'elle, la raison ne fut plus consultée; l'homme n'eut plus d'autre morale que celle qui lui fut prescrite par une Théologie effrayante, inconcevable & peu d'accord avec elle même; la Religion fut l'unique objet de l'attention des hommes; ils crurent avoir des mœurs, posséder des vertus, remplir tous leurs devoirs en accomplissant fidélement les ordonnances inutiles & souvent criminelles qu'on faisoit descendre du ciel. En vain la nature & la vérité leur crioient-elles de songer à la terre, de s'occuper de leur bonheur présent, de chercher les moyens de l'obtenir, de cultiver la raison qui leur disoit d'être bons, justes, indulgens & paisibles; ils voulurent du merveilleux, il leur fallut des oracles divins, surnaturels, énigmatiques; & ces oracles sublimes les rendirent inquiets, insociables, malheureux, ou les empêcherent de sçavoir à quoi s'en tenir.

En un mot la morale de la nature fut écrasée sous l'autorité de la Religion qui lui fut préférée; la raison simple fut obligée de céder au merveilleux; sa voix ne fut point écoutée dès qu'on crut entendre la voix redoutable de l'être à qui tout est soumis: la morale devint une science compliquée, obſcurcie par la théologie & qui lui fut toujours ſoumiſe. Elle fut incertaine & flottante, elle n'eut point de principes aſſurés, elle heurta ſouvent de front les loix de la nature; l'utilité générale, le bien des ſociétés furent obligés de céder au fanatisme, ou bien il fallut recourir à des ſubtilités infinies pour les concilier avec les ordres bizarres & déraiſonnables de ce Monarque inviſible, qui s'étoit réſervé le droit de gouverner la terre par ſes Miniſtres & ſes affreux Repréſentans. L'amour ſi naturel que l'homme a pour lui-même, le deſir de ſe conſerver & de rendre ſon exiſtence heureuſe, les ſentimens d'affection qu'il doit à ſes ſemblables, les intérêts de l'Etat, ſa proſpérité, ſon repos furent traverſés par des ordres formels de la Divinité qui vouloit que l'homme s'étudiât ſans relâche à ſe rendre malheureux dans un monde qu'on ne lui montra que comme un paſſage pour arriver dans un autre.

Les fondemens de la morale ne furent pas moins ébranlés par les Princes que la ſuperſtition a par-tout déifiés. Leurs caprices, leurs paſſions, leurs délires paſſerent pour décrets du ciel; les peuples furent obligés de s'y ſoumette, & les inſtitutions les plus contraires à la ſaine morale, les préjugés les plus dangereux, les Loix les plus iniques réglerent souvent la conduite des sujets; ils n'eurent aucune idée ni du bien ni du mal, ils se crurent autorisés à mal faire dès que le souverain, l'opinion ou l'usage le permirent. C'est ainsi que la guerre, le carnage, l'usurpation, la conquête, la rapine, la mauvaise foi, la fourberie politique parurent des choses honnêtes, légitimes & nécessaires lorsqu'elles furent ordonnées par le Prince, par les prétendus intérêts de l'Etat, dès qu'elles eurent des exemples pour elles. En conséquence il n'y eut plus de justice sur la terre, la vertu en fut bannie; c'est ainsi que le vol cessa d'être un crime dès que le Prince y trouva son intérêt. Les outrages les plus sanglans faits à la nature humaine, passerent dans l'esprit des peuples pour des actions louables, dès qu'ils furent approuvés ou ordonnés par des Souverains que l'on crut en droit de tout rendre licite, & aux volontés desquels la morale fut par conséquent subordonnée comme à celles des Dieux.

A ces causes si puissantes qui corrompirent la morale & qui la rendirent incertaine & chancelante, joignons encore ces usages souvent nuisibles & criminels, ces préjugés fatals qui conſtituerent l'opinion publique, qui influerent ſans ceſſe ſur la conduite & les idées des Citoyens & qui autoriſerent ou du moins juſtifierent par-tout les actions les plus contraires à la vertu & aux intérêts du genre humain. Par une ſuite de ces notions dépravées les vertus les plus réelles furent quelquefois regardées avec mépris, elles devinrent les objets du ridicule, elles attirerent des châtimens & l'ignominie à ceux qui en dépit des opinions reçues oſerent les pratiquer. C'eſt ainſi que dans des nations accoutumées à la guerre & à mettre le plus haut prix au carnage, la douceur, la patience, l'oubli des injures furent regardés comme des lâchetés, & ceux qui les exercerent furent notés d'infamie. C'eſt ainſi que dans des nations ſoumiſes de longue main à des gouvernemens dépravés, l'amour du bien public fut traité de folie, & l'ami de ſa nation fut regardé comme un ſéditieux puniſſable. C'eſt ainſi que chez des peuples corrompus, les vices les plus honteux furent ſouvent approuvés ou juſtifiés par l'exemple & conduiſirent aux honneurs; la fidélité conjugale, la pudeur, l'innocence des mœurs furent traitées de foibleſſes & chargées de ridicules.

Telles ſont les vraies cauſes qui ont anéanti la morale ou qui du moins en ont fait une ſcience conjecturale, remplie d'incertitudes, dont les vrais principes ſont devenus ſi difficiles à démêler. La Religion en fit une ſcience romanesque par les fondemens imaginaires qu'elle prétendit lui donner; elle la détruiſit par ſes contradictions, & par les vertus fanatiques & meurtrieres qu'elle preſcrivit aux hommes; elle la rendit obſcure par ſes ſubtilités, par les efforts qu'elle fit pour la concilier avec ſes rêveries informes, & par les idées révoltantes qu'elle donna de ſon Dieu. Enfin elle confondit les idées de la morale en faiſant regarder des opinions abſurdes, des expiations, des cérémonies arbitraires comme des choſes plus importantes que la vertu. La politique ne fut pas moins ennemie de la morale par les loix & les uſages qu'elle enfanta, par les crimes qu'elle autoriſa, par la corruption des mœurs que les ſouverains introduiſirent, par les exemples qu'ils donnerent, par les vices que des Cours dépravées propagerent dans les nations. Enfin tout conſpira à rendre les hommes ignorans & méchans, & à confondre leurs idées ſur la morale.

Il n'eſt donc pas ſurprenant ſi cette ſcience ainſi défigurée devint méconnoiſſable, & fut un ſujet de recherches profondes & de diſputes interminables pour ceux qui l'étudierent. Tout en elle devint problématique, dès le premier pas on fut embarraſſé de ſavoir ſur quoi l'établir. Les Prêtres la fonderent ſur la volonté des Dieux, qui ne furent jamais les mêmes pour les habitans de la terre & dont les oracles prétendus furent auſſi diverſifiés que les idées ou les intérêts de ceux qui les firent parler. D'autres fonderent la juſtice ſur les loix diſcordantes admiſes par les nations, qui ne ſont communément que les expreſſions des paſſions, des délires & de l'impéritie des chefs, ou des notions abſurdes, des préjugés ridicules, des intérêts momentanés, des ſaillies imprudentes des différens peuples du monde. Par-là l'on vit ſouvent les crimes les plus atroces, les actions les plus noires, les vices les plus houteux autoriſés & légitimés dans un pays & déteſtés dans un autre; la morale des peuples fut ſoumiſe aux bornes politiques de la convention; ce qui fut horrible au delà d'une riviere ou d'une montagne, fut une choſe honnête & approuvée en deça; les Dieux, les Souverains & les Loix d'un Etat autoriſerent d'un côté ce que les Dieux, les Souverains & les Loix proſcrivirent & punirent de l'autre. Le Tartare fut parricide, le Spartiate fit périr ſes enfans, le Juif fut un brigand, le Chrétien un monſtre de cruauté; le Romain fut le fléau des nations; (33) l'Indien fut diſſolu; l'Eſpagnol fut cruel & intolérant. Cependant chacun de ces peuples ſe crut autoriſé dans ſa conduite abominable, ſoit par ſes Dieux, ſoit par l'intérêt de la Patrie, ſoit par ſes uſages révérés. Belle morale, ſans doute, qui n'a pour baſe que les idées peu raiſonnées des peuples égarés par leurs guides religieux & politiques! étranges mœurs que celles qui autoriſent les crimes les plus affreux, les déréglemens les plus infâmes, les actions les plus révoltantes pour l'humanité!

Un ſeul ſoleil luit pour tous les habitan de notre globe, une ſeule morale doit les guider. Malgré la diverſité de leurs opinions, de leurs inſtitutions, de leurs loix, de leurs uſages; malgré la variété presque infinie que le climat & le tempérament mettent

(33) Il eſt évident que ce fut la Religion qui rendit les Romains conquérans, ceſt-à-dire injuſtes & ſanguinaires: des oracles divins leur avoient, comme aux Juifs, promis l'Empire du monde. *Virtus*, chez les Romains, ſignifioit le courage & la férocité néceſſaires à des brigands déterminés à tout envahir.

entre eux, leur nature eſt par-tout la même; ils ont les mêmes ſens, les mêmes beſoins, les mêmes deſirs; ils ſont forcés d'employer les mêmes moyens pour les ſatisfaire. Tous les hommes naiſſent, ſe nourriſſent, ſe conſervent, ſe détruiſent de la même maniere; tous ſont épris d'eux-mêmes, tous deſirent le bonheur, tous pour y parvenir ont beſoin d'aſſiſtance, tous cherchent ce qui leur paroît deſirable, tous fuyent ce qui leur ſemble nuiſible; tous ſont ſuſceptibles d'expériences, de réflexions, de plus ou de moins de raiſon; ainſi tous ſont capables de connoître le prix de la vertu & le danger du vice.

Voilà les ſeuls principes ſur lesquels on doit établir la morale univerſelle, faite pour tous les individus de l'eſpece humaine; il faut la fonder ſur l'eſſence commune à tous les hommes, ſur leur nature, ſur leurs beſoins conſtans; il faut que l'expérience la confirme ſans ceſſe & qu'elle ne ſoit jamais ni contredite ni démentie; il faut qu'en tous lieux & en tout tems elle procure le bonheur, qui fait l'objet de nos deſirs; enfin il faut que deſtinée pour tous elle ſoit ſentie par tous. Une morale fondée ſur ces principes immuables eſt la ſeule qui convienne à des hommes, elle eſt la ſeule Religion néceſſaire au genre humain. (34).

Qu'il nous ſuffiſe donc de ſavoir que la vertu eſt ce qui eſt conſtamment avantageux & le vice ce qui eſt nuiſible à des êtres, qui ſentent, qui deſirent le plaiſir & qui fuyent la douleur. La vertu eſt le plaiſir, le vice eſt la douleur, cauſés par les actes des volontés humaines. Pour régler nos actions il ſuffit d'être convaincus que tous les hommes, ainſi que nous-mêmes, cherchent leur propre bien-être, & par conſéquent n'aiment que ceux qui ſecondent leurs deſirs & ſont forcés de haïr ceux qui les contrarient. La réflexion nous montrera chaque jour que ſeuls & privés de ſecours nous ne pouvons efficacement travailler à notre félicité propre; que l'aſſociation nous eſt utile, & que pour qu'elle nous ſoit vraiment avantageuſe, il faut que nos aſſociés conſpirent à nous aider: l'expérience nous apprendra les moyens de nous conſerver; elle nous prouvera la néceſſité

(34) Cicéron dit avec raiſon: *Naturâ duce errari nullo modo poteſt.* Tertullien, tout fanatique qu'il étoit, convient que la Loi divine eſt inutile à la morale. *Quæres igitur*, dit-il, *Dei Legem*, *habens communem iſtam in publico mundi, in naturalibus tabulis.*

*Vide Tertull. de Coronâ milit.*

d'exciter par notre conduite la bienveillance des êtres capables de concourir à notre propre bonheur.

C'eſt à des principes ſi ſimples que ſe réduit le code de la nature. Les leçons de la morale ne ſont donc point abſtraites ou réſervées à des penſeurs profonds; elles ſont toujours proportionnées à l'entendement de l'homme, que dis-je! de l'enfant même. La morale doit parler une même langue à tous les hommes, elle ſe fera toujours entendre d'eux quand elle s'expliquera clairement, ou lorſque le préjugé ne leur bouchera point les oreilles. Eſt-il donc ſi difficile de prouver à tout homme qu'il ne peut être heureux tout ſeul, qu'il a beſoin pour cela de l'aſſiſtance des autres, & que ces ſecours ne s'accordent qu'au bien qu'on leur procure? Faut-il des lumieres bien étendues pour ſentir qu'en nuiſant à ceux qui nous entourent nous anéantiſſons notre propre félicité? Faut-il un grand effort de génie pour s'appercevoir qu'un être qui s'aime lui-même & qui s'eſtime, doit tâcher par ſa conduite de faire partager aux autres les ſentimens qu'il éprouve?

Il eſt vrai que ces préceptes ſi clairs deviennent obſcurs & compliqués lorſqu'ils ſont contredits par des ſyſtêmes impoſans qui nous défendent de nous aimer nous-mêmes, de nous occuper de notre bonheur, de nous attacher aux Créatures, de perdre de vue le ciel qu'on nous montre ſouvent irrité du bien même que nous faiſons, de l'affection que nous avons pour les êtres qui nous entourent, de l'indulgence que nous leur montrons. Ces mêmes préceptes ſont pareillement anéantis par des gouvernemens qui ſemblent prendre à tâche de rendre l'homme ennemi de ſes aſſociés & qui le forcent de haïr une patrie dont il n'éprouve que des mépris, des injuſtices & des rigueurs, ſi pour ſe rendre heureux lui-même il ne s'occupe à faire des malheureux.

Les hommes n'auront jamais de principes ſûrs en morale tant qu'ils la feront dépendre d'une Religion dont les ordres ſeront plus reſpectés que ceux de la nature, dont les oracles ſeront plus écoutés que ceux de la raiſon, dont les caprices ſeront l'unique régle du juſte & de l'injuſte, dont les loix ſeront préférées à celles de la vertu, dont les prétendus intérêts deviendront bien plus chers que les vrais intérêts de la Société, dont les Miniſtres avides expieront les forfaits, dont les interpretes, tantôt flatteurs pour les Souverains les diviniſeront & les convertiront en Tyrans, & tantôt séditieux, les feront égorger par leurs ſujets fanatiques.

Enfin, l'on ne peut trop le répéter, il n'y aura point de morale pour les hommes tant qu'on leur proposera pour modele un Dieu rempli de vices & d'imperfections. Un Dieu capricieux & changeant, un Dieu dont la conduite est toujours entourée de nuages, tel que celui que toutes les Religions adorent & prescrivent d'imiter, un Dieu sans cesse irrité contre l'homme, un Dieu despotique qui a le droit d'être injuste, parce qu'il est tout-puissant, ne peut servir de base à la morale ni être proposé à des hommes comme un modele de la vertu. (35)

La morale ne sera qu'une science chimérique & ses leçons seront constamment méprisées tant qu'elle sera contredite par des Gouvernemens corrompus aussi despotiques, aussi peu vertueux, aussi fantasques & déraisonnables que les Dieux de la superstition. Elle parlera inutilement aux sujets tant que leurs maîtres abuseront de leurs droits divins pour les empêcher de s'éclairer, pour les rendre vicieux, pour les for-

(35) Les Théologiens nous disent *que la Justice de Dieu n'est pas la même que la Justice des hommes*. Mais dans ce cas qu'entendent-ils eux-mêmes par la *Justice divine*? Il nous est impossible de nous faire une autre idée de la Justice que celle que nous voyons reconnue parmi les hommes : si Dieu n'est point juste à leur maniere, il leur est impossible de sçavoir s'il l'est ou comment il peut l'être.

cer d'être malheureux, s'ils ne consentent à partager & à servir leurs passions & leurs frénésies.

Cependant la morale est faite pour régler sans partage le sort des hommes; la vertu est la chose la plus importante pour eux; elle doit commander aux Princes, régler les Gouvernemens, diriger la Législation, maintenir la Société, fixer le droit des Gens, être la vraie boussole des Nations & des individus. Elle suffit pour les rendre heureux, elle a donc seule droit à leurs hommages, à leur culte, à leur obéissance, à leurs respects. Tous ceux qui la contredisent sont des séducteurs, des rebelles, des impies que l'on ne peut écouter sans danger. En un mot, je le répete, la morale est la seule Religion nécessaire à l'homme; il est religieux dès qu'il est raisonnable, dès qu'il se rend utile, dès qu'il est vertueux; il jouit de la raison lorsqu'il suit les impulsions de sa propre nature, conciliée avec celle des êtres parmi lesquels le Destin l'a placé.

Telle est la Religion que la nature a destinée pour tout le genre humain. Tout homme connoîtra ses dogmes, quand il voudra rentrer dans le fond de son cœur; en consultant son être, en examinant ce qu'il est, ce qu'il veut, ce qu'il desire, il ſaura ce qu'il ſe doit à lui-même & ce qu'il doit aux autres. Il n'a donc pas beſoin de recourir à la Religion, ni aux oracles de ſes Miniſtres pour ſavoir ce qu'il doit faire ; il n'a pas beſoin de porter ſes vues au delà de ſon exiſtence actuelle pour trouver des motifs puiſſans de travailler à ſon bien-être préſent ; il ſe voit dans ce monde ; il s'y trouve entouré d'êtres ſemblables à lui, diſpoſés à l'aider s'il leur montre des ſentimens qu'ils approuvent, & à le déteſter dès qu'il contrarie la tendance générale. Il n'a beſoin ni des récompenſes ni des menaces d'une autre vie pour faire le bien en celle-ci ; l'expérience lui prouve à tout inſtant, que le méchant eſt un être haïſſable & mépriſable, que l'homme de bien eſt chéri & reſpecté de ceux-mêmes dont la conduite eſt oppoſée. Pour peu qu'il ouvre les yeux il voit que les ſociétés ainſi que les membres qui les compoſent ne ſont ſi miſérables que parce que les vices des hommes ſe puniſſent toujours eux-mêmes. Il voit le Gouvernement puni, par l'indigence & la foibleſſe, des maux qu'il fait à ſa nation, dont ſon ambition, ſes caprices, ſon avidité, ſa corruption, ont épuiſé les reſſources, anéanti le courage, détruit l'activité. Une expérience journaliere lui prouve invinciblement qu'il ne ſe permet pas à lui-même un vice, un excès ſans en éprouver des remords, ſans s'expoſer au repentir, ſans endommager ſon être.

Cette Religion ſi ſimple & ſi pure parle un langage uniforme à toutes les nations, elle eſt intelligible pour tout être ſenſible; elle n'eſt point l'ouvrage de l'imagination, elle eſt faite par la nature humaine, qui nous eſt aſſez connue pour ſavoir ſes vues, ſa tendance invariable, ſes mobiles & ſes reſſorts. Elle n'eſt point environnée des ombres du myſtere, elle ne ſe couvre point du maſque des fictions & des allégories. Elle ne ſe vante point d'être émanée des régions céleſtes, elle avoue qu'elle eſt humaine & deſtinée pour la terre. Elle n'eſt point réſervée par une Divinité partiale à quelques hommes privilégiés, à quelques élus choiſis; elle eſt la Religion commune de tous les êtres raiſonnables; la nature en leur donnant le jour la deſtine à tous ſes enfans, elle la ſeme dans tous les cœurs, elle l'y grave en caracteres ineffaçables; elle fonde l'authenticité de ſes preuves ſur le conſentement de tous les hommes, ſur le témoignage unanime de tous les peuples de la terre, ſur l'amour raiſonné que tout mortel a pour lui-même, ſur le beſoin conſtant qu'il a de ſes ſemblables. Ses décrets, à couvert des révolutions de la terre, des injures du tems, des caprices de l'uſage, ne peuvent être changés ni abrogés. Le culte qu'elle préſcrit n'eſt point une pompe ſtérile qui ne parle qu'aux yeux; ſes dogmes ne ſont point des ſpéculations vagues & ſujettes à diſpute; il parle au cœur, ſes préceptes ſont d'agir en conſultant la raiſon; leur utilité ſe prouve à chaque inſtant. Egalement éloignée d'un enthouſiaſme inſenſé ou d'une yvreſſe ſublime qui ravit l'homme au deſſus de ſa ſphere, ou de cet état d'aviliſſement où la ſuperſtition le précipite, cette Religion, conforme à la nature de l'homme, ne prétend pas le dénaturer; elle lui laiſſe ſes paſſions, elle les dirige & les approuve quand elles le rendent véritablement heureux, elle les nomme des vertus quand elles ſont utiles à ſes ſemblables, elle les admire quand elles procurent l'avantage de la ſociété. Tout homme vertueux en eſt le Prêtre, les erreurs & les vices ſont ſes victimes, l'univers eſt ſon Temple, la vertu eſt ſa Divinité.

CHA-

## CHAPITRE XIV.

*De l'influence de la Religion ſur le bonheur des individus ; elle les rend très-malheureux.*

Nous avons examiné juſqu'ici les effets généraux de la Religion ſur la politique & ſur la morale ; il nous reſte encore à examiner la façon dont elle opere ſur les individus les plus ſoumis à ſes loix, ou ſur ceux qui ſe piquent de lui être le plus inviolablement attachés. Voyons donc ſi dans chaque ſociété les hommes les plus religieux ſont les plus heureux ; aſſûrons-nous ſi les perſonnes les plus favoriſées du ciel, les plus dignes de la complaiſance du Très-Haut, jouiſſent de quelques prérogatives qui les diſtinguent des autres. Toutes les Religions du monde ont eu pour objet de leur culte quelque Divinité terrible & malfaiſante ; ſi la crainte enfanta les Dieux & leurs cultes au ſein des malheurs, ce fut la crainte qui fit durer leur Empire & ce furent des calamités qui ramenerent aux pieds de leurs autels les hommes que le bien-être en avoit éloignés. Une épidémie, une famine, un tremblement de terre, des succès malheureux ont toujours suffi pour replonger les nations dans la superstition ; une maladie, des traverses, la mélancolie ramenent souvent à la Religion les personnes mêmes qui sembloient s'en être détrompées pour toujours.

Cela posé, il est aisé de deviner pourquoi la Religion, qui n'est faite que pour réveiller des idées fâcheuses dans les esprits, & qui parle toujours sur un ton lugubre des tristes objets qu'elle annonce, déplaît communément aux personnes enjouées, ne trouve point de prise sur celles qui se livrent à la dissipation & aux plaisirs, ne rencontre que des sourds dans celles qu'emportent des passions fougueuses ou que lient des habitudes invétérées ; elle ne fait des impressions profondes que sur des mélancoliques mécontens, & malheureux, que le chagrin a mis au ton de ses leçons ; sur des infirmes & des lâches toujours prêts à trembler, & que la raison ne peut point rassurer ; sur des Enthousiastes dont l'imagination trop active se plaît à s'égarer; enfin sur des ignorans, dont l'esprit faux ne se laisse point redresser par le jugement, & que l'inhabitude de penser par eux-mêmes rend susceptibles de recevoir les passions qu'on veut leur inspirer. Beaucoup de gens d'esprit peuvent être les dupes de la Religion, mais à coup sûr ils manquent de jugement au moins sur cet article. (36)

La terreur étant la base de toute superstition, nous devons en retrouver les symptômes dans tous ceux qui sont infectés de cette dangereuse épidémie : nous voyons qu'elle remplit leur imagination de chimeres effrayantes, dont ils sont poursuivis sans relâche, & qui empoisonnent tous leurs plaisirs: nous les trouvons agités de vains scrupules & tourmentés de remords pour les

(36) On est tout surpris de voir un grand nombre de personnes très-sensées sur toute autre chose, raisonner très-mal ou plutôt ne point raisonner du tout dès qu'il s'agit de la Religion : on les voit même pour l'ordinaire refuser d'écouter les raisons qu'on veut leur proposer. Cependant ce phénomene s'explique par la force de l'éducation, de l'habitude & du préjugé. Comment veut-on que des gens à qui l'on a dit dès l'enfance que la Religion est *au dessus de la raison*, qu'elle n'est point de son ressort, que c'est un crime d'en douter ou de la citer au tribunal d'une raison que l'on prétend *corrompue*; comment, dis-je, veut-on qu'ils se servent de la raison en matiere de Religion? Le sçavant homme qui parmi nous a fait *le Christianisme raisonnable*, a été forcé de le dénaturer; le délire & la raison ne sont pas faits pour s'accorder.

actions les plus indifférentes, dont souvent la Religion leur fait des crimes impardonnables. En un mot le superstitieux peut être comparé à ces hypocondriaques, continuellement allarmés de leurs maux imaginaires, & qui, sans cesse inquiets d'une santé que rien ne semble menacer, voyent du danger par-tout, craignent de rencontrer la mort à chaque pas, & finissent par se rendre véritablement malades à force d'inquiétudes, de mélancolie & de remedes.

De tout tems le superstitieux fut à-peu-près le même: les Dieux ont changé, leurs cultes se sont diversifiés, mais toujours le superstitieux a tremblé, toujours il fut ingénieux à se tourmenter, toujours il fit des efforts pour se rendre malheureux dans l'idée de plaire aux Puissances invisibles qu'il voulut honorer. „ Celui, dit Plutarque, qui craint les Dieux, craint toutes „ choses; il craint la terre, la mer, l'air, „ le ciel, les ténebres & la lumiere, le „ bruit & le silence, les songes, &c: les „ esclaves, quand ils dorment, oublient „ la dureté de leurs maîtres; le sommeil „ soulage les chagrins & les ennemis de „ ceux qui sont dans les prisons & dans les „ fers; les plaies les plus envenimées, les „ ulceres les plus malins qui dévorent

„ cruellement les membres donnent quel-
„ que relâche à ceux qui souffrent pen-
„ dant qu'ils sont endormis ........ la
„ superstition ne permet point au super-
„ stitieux de respirer ; elle seule ne fait
„ point de trêve avec le sommeil ; elle ne
„ permet à l'ame de prendre aucun repos,
„ ni de se rassûrer en se débarrassant des
„ idées funestes qu'elle a conçues de son
„ Dieu. Bien plus, comme si le som-
„ meil des superstitieux étoit un enfer &
„ le séjour des damnés, il leur suscite des
„ imaginations horribles, des visions ef-
„ frayantes & monstrueuses ; il leur mon-
„ tre des Démons & des Furies qui tour-
„ mentent leurs ames infortunées & les
„ privent de leur repos par leurs propres
„ songes, dont le superstitieux n'a point
„ le courage de se moquer, même quand
„ il est éveillé....... la mort, dit-il plus
„ loin, est la fin de la vie pour tous les
„ hommes, mais elle ne met point fin à la
„ superstition ; elle étend son empire au
„ delà même du trépas ; ses craintes sont
„ plus longues que la vie, puisqu'elle at-
„ tache à la mort l'idée de malheurs éter-
„ nels........ les superstitieux craignent
„ les Dieux, & néanmoins ils recourent
„ à eux ; ils les flattent & les accusent, ils

„ les prient & les outragent.........d'où „ il ſuit qu'ils les haïſſent ; ils ne peuvent „ avoir d'autres ſentimens pour ces Dieux, „ vû qu'ils ſe perſuadent qu'ils leur ſont „ redevables des plus grands maux qu'ils „ aient enduré déjà, ou qu'ils s'attendent „ à ſouffrir dans la ſuite. (37)

L'on ne peut rien ajouter aux traits vigoureux ſous leſquels un des plus grands peintres de l'antiquité nous montre le ſuperſtitieux ; nous y retrouvons ceux des ſuperſtitieux de notre tems, ou de toutes ces malheureuſes victimes de l'enthouſiaſme, de l'ignorance & de la crainte, que la Religion rend les ennemis d'eux mêmes. Lorſqu'ils ont une fois placé dans les cieux des êtres malfaiſans, par leſquels ils ſuppoſent la nature gouvernée ; dès qu'ils en

(37) *V. Plutarch. de ſuperſtitione.* Les Grecs nommoient la ſuperſtition Δεισιδαιμονία ou *crainte des génies malfaiſans.* Les hommes tant qu'ils ſont heureux ne ſe livrent gueres à la ſuperſtition. C'eſt le malheur qui les y diſpoſe. Quinte-Curce remarque qu'Alexandre, depuis la défaite de Darius, ne conſultoit plus les devins, mais quand il vit les Bactriens révoltés, les Scythes inondant ſes Etats, & ſa bleſſure qui le tenoit au lit, il dit à Ariſtander de faire des ſacrifices. *V. Quint. Curt. Lib. VII.* Cléomene Roi de Sparte devint fort ſuperſtitieux à la ſuite d'une longue maladie, tandis que pendant toute ſa vie il avoit négligé la Religion ; quelqu'un lui en ayant montré ſa ſurpriſe, *de quoi vous étonnez vous?* lui dit-il, *je ne ſuis plus ce que j'étois alors, & n'étant plus le même, je ne ſuis plus du même avis.*

V. ERASMI APOPHTEGMATA.

font dépendre leurs destinées dans cette vie & dans une autre, il faut nécessairement que leur esprit se remplisse de troubles & de terreurs ; il faut qu'ils s'occupent sans cesse de ces objets importans ; ils rechercheront continuellement leur propre conduite, ils se feront peur à eux-mêmes ; leur conscience allarmée sans cause, leur formera des scrupules ; à leurs yeux prévenus les actions les plus naturelles & les plus innocentes se changeront en crimes, & leur imagination leur montrera les bûchers éternels déjà préparés pour les expier.

Ainsi le superstitieux, s'il est conséquent à ses principes religieux ou aux notions funestes qu'il s'est faites de la Divinité, doit vivre dans l'amertume & dans les larmes ; il saisit avec transport les pratiques les plus insensées qu'on lui propose pour appaiser son Dieu ; ses tristes jours se passent à expier des fautes souvent imaginaires ; uniquement absorbé par ses devoirs religieux, il ne peut vaquer à ce qu'il doit à ses semblables, il se feroit un crime de perdre son Tyran un instant de vue. (38)

(38) Un Empereur Chrétien se croyoit obligé de demander pardon à Dieu de tout le tems qu'il otoit à ses prieres pour le donner au gouvernement de l'Etat. Une secte de Chrétiens appellés ΕΥΧΙΤΑΙ ou *Messaliens* faisoit consister la perfection à toujours prier. Les Prêtres & les

Perpétuellement occupé d'un objet désagréable, non ſeulement il devient inutile, mais encore ſa mélancolie habituelle le rend farouche, inſociable: toujours mécontent de lui-même, comment ſeroit-il content des autres? Obligé par devoir de ſe refuſer tous les plaiſirs & les douceurs de la vie, comment s'occuperoit-il de procurer à ceux dont il eſt entouré des amuſemens qui déplairoient à ſon Dieu? Enfin forcé de ſe haïr lui-même, auroit-il de l'affection, de l'indulgence, de la douceur pour ſes ſemblables, & leur pardonneroit-il des fautes qui les rendent les objets de la colere divine? Non; le ſuperſtitieux toujours malheureux au dedans de lui-même, ne peut ſouffrir le ſpectacle du bien-être; les plaiſirs l'importunent; la ſérénité des autres doit elle-même l'offenſer, & pour ſe rendre agréable à ſon Tyran céleſte, il travaille ſans relâche à ſe rendre inſupportable à tous ceux qui l'approchent.

Tels ſont communément, & tels devroient être toujours, les effets de la Religion ſur ceux qui, pénétrés de ſes no-

Moines Papiſtes, Japonois, Chinois, Indiens, Mahométans ne font que prier, ce qui ſuppoſe un Dieu qui ne ſcait pas ce qu'il leur faut, ou qui eſt aſſez malin pour ne point vouloir l'accorder facilement.

tions terribles, veulent être conféquens à leurs principes. Il eft impoffible qu'un homme qui croit fon Dieu fufceptible de colere, de vengeance & de jaloufie; qui l'a toujours préfent à l'efprit; qui voit fes yeux étincelans perpétuellement ouverts fur fa conduite; qui s'imagine que l'on peut l'offenfer, même à fon infçu & contre fon intention; qui penfe que ce Dieu jaloux ne veut point que le cœur fe partage entre lui & fes créatures; il eft, dis-je, impoffible qu'un tel homme fe livre à la gaieté, fe permette d'aimer ceux qui l'entourent, & s'occupe d'autre chofe que du redoutable *Argus* aux regards duquel rien ne peut le fouftraire: tout plaifir eft interdit à un mortel, qui ne voit ce monde que comme un féjour d'épreuves, où il vit fous les loix d'un Maître rigoureux, prêt à le rendre éternellement malheureux pour avoir transgreffé fes volontés captieufes & fouvent inintelligibles; fe livrer à la joie en pareil cas, feroit le comble de la folie; le rire eft infenfé fous un Dieu lugubre, chagrin, capricieux; il s'offenferoit, fans doute, de la gaieté de fes efclaves, qu'il peut à chaque inftant envoyer au fupplice; un Dieu trifte &

un Dévot gai font des chofes incompatibles. (39)

Il ne faut donc point être furpris de l'extérieur fombre & févere, ni de l'humeur atrabilaire que nous trouvons dans la plupart des hommes profondément infectés du venin de la fuperftition; une Religion affligeante eft faite pour anéantir la paix de l'ame & pour déclarer la guerre aux plaifirs; il faut gémir, fouffrir & prier fous un Dieu qui lui-même a donné l'exemple des fouffrances. De quel droit en effet la créature coupable fe difpenferoit-elle de fouffrir quand fon Dieu innocent a confenti à s'immoler lui-même? C'eft, fans doute, d'après ces principes que tous ceux qui fe font fervis de la Religion pour prendre de l'afcendant fur les peuples, ont communément affecté une grande févérité & beaucoup de mauvaife humeur, que l'on regar-

(39) Les Chrétiens les plus dévots font ordinairement chagrins & mélancoliques; tout doit continuellement les ramener à la trifteffe. Eft-il permis d'être gai quand on adore un Dieu flagellé, couronné d'épines, crucifié? Apulée reproche aux Egyptiens leurs chants & leurs cérémonies lugubres; leur *Ofiris* fut, comme le Chrift, un Dieu très-malheureux & qui avoit effuyé bien des traverfes. L'*Adonis* des Syriens fut encore un Dieu malheureux, dont les triftes adorateurs fe mutiloient & fe déchiroient comme les Prêtres de Cybele ou comme les Joghis Indiens, ou comme les Moines Chrétiens du Papifme.

L'idée de Dieu doit perpétuellement affliger celui qui le médite; ce Dieu eft pour lui un *Lutin Domeftique*, (Οικειον Δαιμονιον) dont il ne peut fe débarraffer.

da toujours comme une véritable perfection. Plus une Secte est rigide, plus une superstition est triste, plus elles en imposent au vulgaire, qui les juge, avec raison, plus conformes aux intentions de son Dieu. Un enthousiaste, dont tout l'extérieur annonce l'austérité, dont le visage pâle & décharné porte l'empreinte de la pénitence, dont les yeux creusés paroissent mouillés de larmes, dont la voix plaintive fait retentir sourdement les voûtes d'un temple obscur, est très-propre à remuer les esprits; sa présence seule vaut un discours éloquent. (40)

L'on se tromperoit néanmoins si l'on s'imaginoit que la Religion dût agir de la même maniere sur tous ceux qu'elle soumet à son joug; ses effets sont aussi variés que les tempéramens des hommes; une organisation heureuse l'empêche souvent de faire des impressions également profondes. D'ailleurs cette chimere se montre sous différens

(40) Les fanatiques qui ont causé les plus grands ravages sur la terre, en ont communément imposé au vulgaire par une grande rigidité. Nos *Puritains* n'ont acquis tant de pouvoir dans le siecle passé que parce qu'ils affectoient des mœurs austeres & qu'ils prêchoient en parlant du nez. A l'aide de ces grimaces ces fripons enthousiastes se persuadoient qu'ils étoient parfaits, & les Chrétiens parfaits ne sont point disposés à laisser en repos ceux qu'ils jugent moins parfaits qu'eux. Les plus grands libertins sont moins à craindre pour un Etat que des saints.

aſpects, & chacun s'arrête à celui qu'il trouve le plus analogue à ſon propre caractere. C'eſt, ſans doute, un bonheur pour les nations ſuperſtitieuſes, qui ne raſſembleroient qu'un amas de citoyens inutiles, ſans énergie, haïſſables les uns pour les autres, ſi leurs ſpéculations religieuſes influoient ſur tous de la même façon. Quoique les mortels, pour la plupart, n'enviſagent la Divinité que du côté de la terreur & de la ſévérité, il en eſt, comme on a vu, qui ferment les yeux ſur ces qualités effrayantes pour ne fixer leurs regards que ſur ſa bonté, ſa clémence, ſa douceur; tous les Dieux ſont des JANUS, ils nous montrent deux faces; ainſi chacun choiſit la face qui lui convient le mieux, & c'eſt toujours celle qu'il trouve la plus conforme à ſa propre façon d'être. Un homme ſenſible & tendre ne ſe perſuadera jamais que ſon Dieu ſoit inhumain; il l'aimera comme un pere, il ne le verra point régner avec un ſceptre de fer, ou muni d'un cœur d'airain; il ſentira pour cet être, qu'il ſe peint ſous des traits aimables, des accès de tendreſſe, de ferveur, de dévotion: ſi à ces diſpoſitions il joint une ame douce & honnête, ſes idées religieuſes ne le rendront point l'ennemi de ſes ſemblables; il aura de l'indulgence pour eux; en gémiſſant de leurs fautes, il ne se croira point en droit de les en punir ou de les reprendre avec aigreur. Un autre, pourvu d'une imagination vive, d'un tempérament échauffé & d'organes foibles, aura des extases, des visions, des inspirations d'en-haut; il croira de bonne foi aux chimeres produites par les mouvemens déréglés de son cerveau. Toutes ces différentes nuances font les dévots & les enthousiastes. C'est sur-tout chez les femmes que la ferveur religieuse agit avec le plus de force; la foiblesse de leur organisation, leur timidité naturelle, leur peu d'expérience les disposent à la dévotion, & la vivacité d'une imagination que la réflexion refroidit rarement, les expose plus souvent que les hommes aux délires religieux: (41)

(41) C'est surtout parmi les femmes que l'on voit des Inspirées, des dévotes, des illuminées. Les révolutions fréquentes qu'éprouve leur machine les rend susceptibles d'extases, de visions, de mouvemens convulsifs que l'on prend pour surnaturels. C'étoit une femme qui rendoit les oracles à Delphes. *Velleda*, selon Tacite, régloit les entreprises des Germains, qui respectoient beaucoup les femmes, parce qu'ils leur supposoient le don de Prophétie. Bien des Chrétiens ont eu les mêmes idées; ils ont fait des Saintes & des Prophéteſſes d'un grand nombre de femmes hystériques, mélancoliques & visionnaires, qui souvent se sont crû des Inspirées, & l'ont fait croire à d'autres. Il est bon de remarquer que ce fut à l'instigation des femmes que presque tous les Rois du Nord & de l'Occident ont embrassé la Religion Chrétienne. Dans les querelles religieu-

Si la Religion s'empare de l'esprit d'un homme ardent ou d'un sang bouillant, elle en fait un zélateur ; si elle opere sur celui d'un homme bilieux, sombre, mélancolique, tels que sont pour l'ordinaire les méchans tourmentés de remords, elle le rendra lâche & cruel ; la trahison & le crime ne lui couteront plus rien dès qu'on lui prometttra l'expiation des forfaits dont l'idée l'importune, ou dès qu'on lui montrera sa grace écrite au ciel. Ce sont ces dispositions qui forment des fanatiques, des persécuteurs, des assassins ; par de nouveaux crimes ils esperent obtenir le pardon de ceux dont le souvenir vient troubler leur repos.

La Religion n'a pas le même pouvoir sur les hommes d'un tempérament flegmatique, ceux-ci sont trop tiedes pour elle, il lui faut des sectateurs zêlés ; ce n'est que sur des ames ardentes & susceptibles de passions fortes qu'elle agit fortement. Les détails de la superstition sont infiniment variés, le merveilleux qui lui sert de base fournit une pâture continuelle à l'imagination ; voilà, sans doute, pourquoi la dévotion remplace si souvent les passions frus-

ses les femmes sont les plus âcres & les plus obstinées, parce que ce sont elles qui sont le moins au fait de la question.

trées & malheureuſes ; elle s'empare pour l'ordinaire de tous ceux que leurs paſſions aſſouvies plongent dans le vuide, dans le chagrin, dans l'ennui ; elle donne des protecteurs & des conſolateurs dans le ciel à ceux qui ſe ſont attiré des mépris, des diſgraces ſur la terre ; les malheurs, les dégoûts, la honte, les remords, l'impuiſſance de jouir, la ſatiété, la vieilleſſe ramenent ſouvent les hommes aux pieds de la Religion ; la dévotion dédommage leur imagination du rang, de la fortune, de la réputation, de l'amour même.

L'homme du peuple eſt communément attaché à ſa Religion parce qu'il eſt ignorant & malheureux ; le pauvre croit y trouver de la conſolation à ſes peines, il l'aime parce qu'elle lui fait entrevoir un meilleur ſort ; le riche s'y livre parce que ſouvent au milieu de ſon opulence il éprouve des chagrins qui le rendent miſérable ; le ſoldat en eſt ſuſceptible parce qu'il vit au ſein des dangers ; les Princes, les Grands, les Courtiſans la jugent utile, non ſeulement pour pouvoir opprimer impunément, mais encore parce qu'ils la trouvent toujours diſpoſée à calmer leurs remords. L'homme éclairé eſt quelquefois la dupe de la ſuperſtition parce qu'elle met ſon imagination en travail; le ſage a ſouvent de la peine à s'en défendre; on le voit très-fréquemment céder à ſes attaques lorſque le chagrin l'abbat & confond ſon jugement, ou lorſque la maladie, lui otant l'uſage de ſes facultés, le livre aux mains d'un Prêtre qui le ſollicite, qui le trompe par des ſophiſmes, & vient porter le trouble dans ſes derniers momens. Voilà d'où viennent les triomphes ſi fréquens que la Religion remporte au lit de la mort ſur ceux-mêmes qui l'avoient mépriſée ou négligée pendant toute leur vie. Cependant c'eſt l'homme ſain & jouiſſant de ſa raiſon qui ſeul eſt en état de juger; (42) il n'y a que l'impoſture qui puiſſe ſe prévaloir du témoignage d'un mourant.

(42) Le Docteur Burnet nous a donné de grands détails ſur la mort édifiante du Comte de Rocheſter, qui après avoir vécu en libertin, ſe convertit à la mort; il en tire des preuves en faveur de ſa Religion, mais cette converſion ne prouve rien, ſinon qu'un débauché, qui a fort peu raiſonné toute ſa vie, peut encore moins raiſonner à la mort.

CHA-

## CHAPITRE XV.

*De l'inutilité & de l'impossibilité de corriger ou de réformer la superstition. Des remedes efficaces que l'on peut lui opposer.*

De tous les liens qui attachent les hommes à la Religion, l'habitude est le plus fort; l'éducation identifie avec nous les opinions les plus étranges, nos premieres idées nous restent communément toute la vie: elles ne nous choquent point dès que nous les avons reçues dans notre enfance, dès que nous les voyons autorisées par l'exemple, par l'opinion publique, par les loix, & sur-tout lorsque nous les voyons munies du sceau de l'antiquité. (43) Ainsi

(43) Est-il un homme parmi nous à qui dans l'âge de raison l'on pût persuader que trois ne font qu'un & qu'un fait trois; que Dieu a pu mourir pour s'appaiser lui-même; que ce Dieu peut se changer en pain &c......? Cependant l'éducation parvient tous les jours à mettre de pareilles idées dans l'esprit des personnes les plus raisonnables d'ailleurs; & si elles ont de l'enthousiasme, elles se feront égorger pour les défendre: à leur avis c'est celui qui refuse de croire ces dogmes merveilleux, qui passe pour un in-

tout concourt à rendre la ſuperſtition chere aux hommes, ou à les maintenir dans une honteuſe inertie qui les empêche de rien examiner. En matiere de Religion presque tout le monde eſt peuple: les grands & les riches occupés de leurs affaires ou de leurs plaiſirs, ne ſongent pas plus que le vulgaire à examiner les fondemens de leurs opinions; presque perſonne d'entre eux ne ſe trouve aſſez gêné par ſa Religion pour ſe révolter contre elle, on la quitte & on la reprend ſuivant que les paſſions l'ordonnent; ſes ſpéculations paroiſſent ſacrées à tout le monde, mais l'intérêt le plus foible l'emporte ſur elles dans la pratique; elles n'influent ſur la conduite que lorsqu'elles s'accordent avec les paſſions ou lorsqu'elles les juſtifient. C'eſt ainſi que la Religion devient une arme ſure

ſenſé. Il y a pourtant une raiſon qui rend les opinions les plus folles très-durables, c'eſt qu'on ne les examine point; & que lors même qu'on les examine l'eſprit n'y trouve jamais que des mots vuides de ſens ou des idées qui ne préſentent aucun côté direct par où l'on puiſſe les attaquer. Les myſteres & les dogmes de la Religion ſont d'une nature auſſi fugitive que les Dieux ou les phantômes qui leur ſervent de baſe; des Dieux inintelligibles, de purs Eſprits, des chimeres doivent enfanter des chimeres. Comme ces Dieux exigent des ſacrifices, on a cru qu'on ne pouvoit leur en faire un plus grand que celui de la raiſon & du bon ſens; ou bien chacun a dit: *que ſçait-on ſi des Etres que je ne conçois pas, ne peuvent point agir d'une façon dont je n'ai nulle idée?* Voilà, je crois, comme on parvient à croire tous les myſteres.

pour nuire aux hommes, sans jamais leur fournir des remedes utiles. Le Dieu bon les invite à mal faire, le Dieu vengeur & méchant les rend insensés & cruels sans les rendre meilleurs.

Bien des gens sont convaincus de l'utilité & de la nécessité d'une Religion, très-peu en connoissent les dangers: les souverains, ou superstitieux ou tyrans, la regardent comme l'appui de leur pouvoir, sans vouloir s'appercevoir qu'elle devient leur ennemie dès qu'ils refusent de se rendre ses esclaves. Les personnes les plus détrompées d'ailleurs des préjugés religieux ne laissent pas de se persuader que la Religion est nécessaire pour contenir le peuple: cependant ce peuple sans avoir rien examiné est toujours prêt à se soulever à la voix de ses Prêtres dès qu'on lui dit en gros que sa Religion est attaquée. En un mot les erreurs religieuses acquierent une solidité inébranlable, parce que jamais on ne peut les attaquer sans péril, tandis que ceux qui les défendent sont applaudis, honorés, récompensés.

Tout semble donc conspirer à donner à la Religion des défenseurs ardens & à décourager ses adversaires; toute innovation, toute opinion hazardée, toute cérémonie changée devient un monſtre aux yeux des peuples; ils ſe figurent que les foudres du ciel vont tomber en éclats ſur eux pour les punir des blasphêmes de quelques ſpéculateurs. Si quelquefois une nation s'apperçoit des malheurs dans lesquels la ſuperſtition l'a plongée, jamais elle n'a ni aſſez de lumieres ni de courage pour remonter jusqu'à leur ſource & pour détruire le levain qui tôt ou tard produira de nouvelles fermentations. Les hommes ne font que diverſifier leurs folies religieuſes; ils ne quittent une ſuperſtition dont les abus les dégoûtent que pour en adopter une nouvelle, qu'il faut toujours acheter au prix du ſang, & qui ſouvent devient encore plus funeſte que la premiere. Ce ſont des Dieux atroces & déraiſonnables, formés ſur le modele des plus méchans des hommes, ce ſont leurs attributs inſenſés & contradictoires, ce ſont leurs oracles trompeurs, annoncés par le fanatiſme & l'impoſture, qui ont inondé l'univers de crimes & de miſeres: c'eſt le trône de ces idoles malfaiſantes, ce ſont ces phantômes dangereux qu'il faut renverſer & détruire, ſi l'on veut tarir la ſource des maux dont le genre humain eſt inondé.

En effet les mortels ont-ils beaucoup gagné aux changemens ſucceſſifs que leurs

Religions ont éprouvés? Hélas! ils n'ont fait que changer de délire, ils n'ont été ni moins esclaves, ni moins insensés, ni moins disposés à se nuire. Il n'appartient qu'à la vérité pure d'être toujours la même & de procurer pour toujours la liberté, le calme & la concorde. Les ouvrages décousus du mensonge & de l'enthousiasme se détruisent d'eux-mêmes: le tems n'a point respecté ces Dieux, qui pendant une longue suite de siecles ont fait trembler les nations & usurpé leur encens. Les *Osiris*, les *Bélus*, les *Jupiters*, autrefois si redoutés, sont aujourd'hui la risée de quelques peuples bien fiers de s'être détrompés de ces Divinités futiles; ils les ont néanmoins remplacées par d'autres plus ridicules encore. Notre Europe a-t-elle donc lieu de se vanter d'avoir quitté les Dieux des Celtes & des Romains pour un vil artisan de Judée, mis à mort sur une croix, qui mille fois fut le signe de la révolte & du carnage pour ses disciples forcenés?

Que les mortels ne nous parlent point de l'antiquité de leurs cultes; ils n'ont adoré dans tous les tems que les mêmes phantômes, habillés diversement, suivant leurs besoins, leurs caprices, les fantaisies de leurs modes, de leurs opinions, de leurs folies. Toujours leurs vaines idoles regnerent par les mêmes voies; leur trône fut établi ſur la crainte & ſur la crédulité. D'ailleurs l'ancienneté d'une erreur ne ſera jamais un titre valable aux yeux de la raiſon: les témoignages ſucceſſifs & multipliés de la crédulité & de l'impoſture; les traditions du menſonge; des fables & des merveilles racontées de pere en fils pendant des milliers de ſiecles, ne pourront jamais rendre des folies reſpectables. Le Philoſophe verra toujours dans les Dieux des nations des génies malfaiſans, qui, ſemblables à ces lueurs trompeuſes que le voyageur égaré a l'imprudence de ſuivre, n'ont ſervi qu'à faire quitter aux hommes la route de la félicité.

En effet ces ſyſtêmes religieux apportés aux nations par leurs légiſlateurs, les ont-elles rendues plus heureuſes? Ces révélations merveilleuſes que l'on a fait deſcendre du ciel, ont-elles ſoulagé les peuples des maux dont ils étoient accablés? Ces changemens ſucceſſifs, que leurs circonſtances ont obligé de faire à leurs Religions, ont-ils amélioré leur ſort? Non, ſans doute; tous ces pompeux menſonges, toutes ces rêveries diverſifiées, loin de les guérir, n'ont fait que multiplier & diverſifier leurs infortunes, combiner des erreurs nouvelles à des erreurs anciennes. (44). L'homme qui ſe crut inſtruit par la Divinité même n'en fut que plus malheureux ; l'importance qu'il fut obligé de mettre à des opinions & à de prétendus devoirs en fit ſouvent un être très-dangereux pour lui-même & pour d'autres. Les Dieux ne ſemblent s'être révélés à la terre que pour rendre plus fâcheux le ſort de ſes habitans ; ils ſe montrerent par-tout comme des Conquérans, qui ne laiſſent ſur leur paſſage que les ſignes de la déſolation, ou comme ces mé-

(44) Toutes les Religions du monde ſont des amas confus de dogmes, de myſteres, de rites anciens, amalgamés avec des inventions modernes. En remontant à la ſource de la plupart des uſages & des opinions du Chriſtianiſme, on les retrouvera chez les Egyptiens, les Chaldéens, les Phéniciens, les Grecs, les Romains & les Celtes. Cette Religion eſt un cahos dans lequel on apperçoit des veſtiges de toutes les extravagances anciennes. Les nouvelles révélations qu'on annonce aux hommes ſont toujours greffées ſur des révélations antérieures ; les cultes ſe fondent les uns ſur les autres comme les langues, & ſont, comme elles, ſujets à des variations continuelles. La plupart des Dogmes & des Myſteres des Chrétiens ſont évidemment empruntés de Pythagore & de Platon, qui ont été puiſer leur Doctrine chez les Prêtres Egyptiens : d'où l'on voit que les opinions les plus reſpectées parmi nous ne ſont que des rêveries de quelques Payens enthouſiaſtes ou trompeurs. Pallavicini convient que ſans Ariſtote l'Egliſe n'auroit point eu pluſieurs de ſes articles de Foi.

*V. Diction. de Bayle art.* ARISTOTE.

téores terribles, dont le ſouvenir ne ſe perpétue que par les traces des ravages qu'ils ont cauſés.

Les ſociétés humaines furent communément ſauvages, ignorantes, dépourvues de lumieres & de connoiſſances dans les tems où leurs Légiſlateurs leur donnerent des Dieux, des cultes & des loix : à meſure que les mœurs, les circonſtances & les beſoins des nations changerent, leurs idées religieuſes durent auſſi ſouffrir des changemens ; le Dieu de l'homme ſocial, policé, plus raiſonnable, ne peut être le même que celui de l'homme errant, ſtupide & féroce : ainſi l'homme civiliſé & plus éclairé ſur ſes intérêts doit peu-à-peu ſe dégoûter de la Religion, lorſqu'elle eſt devenue trop contraire à ſes mœurs adoucies, aux idées qu'il a pu acquérir, à ſa raiſon plus cultivée. Voilà pourquoi l'on voit ſouvent les peuples ſecouer le joug de leurs Dieux ſurannés pour en adopter d'autres dont ils attendent plus de bonheur : fatigués de leur tyrannie ou de celle de leurs Prêtres, détrompés des erreurs & des fables qu'on leur débite, ils adoptent quelquefois des nouveautés avec empreſſement, ou du moins ils prêtent l'oreille à ceux qui leur préſentent leur ancienne Religion ſous une forme nouvelle, moins contraire à leurs idées présentes.

Cependant les changemens dans la Religion ne se font point tranquillement; c'est toujours par des guerres, des révolutions, des massacres que les hommes sont forcés d'apprendre ce qu'ils ont à penser sur cette matiere. La Religion ancienne, ayant communément pour elle la possession, le grand nombre & le pouvoir, opprime & persécute les Novateurs qui lui disputent ses titres; à force de mauvais traitemens elle irrite leur opiniâtreté & les oblige de s'armer pour repousser les violençes qu'elle leur fait. Ainsi la guerre s'allume, & la force décide de la secte qui demeurera maîtresse du champ de bataille. Chez les hommes ce ne sont jamais que des passions & des folies, qui combattent d'autres passions & d'autres folies; le délire le plus impétueux oblige le plus foible à lui céder la place. Au milieu de ces tumultes la raison ne peut se faire entendre; des combattans également acharnés ne sont point en état de l'écouter; vainement cette raison, d'accord avec leurs intérêts véritables, leur crieroit-elle qu'ils se battent pour des chimeres indignes de les occuper; vainement leur montreroit-elle la futilité des objets qui les divisent & de cette Religion qui donne lieu à leurs disputes ; les fanatiques sont sourds, ils s'obstinent à se détruire pour soutenir la cause de leur entêtement.

Dans les disputes religieuses jamais on ne songe à discuter le fond, personne ne doute de sa bonté ; c'est toujours de la forme dont les combattans sont occupés. (45) Après que des sectes fougueuses se sont fatiguées à force de combats, se sont tourmentées tour-à-tour, ont fait couler des flots de sang, les nations n'en sont pas plus guéries de leurs folies ; elles laissent toujours subsister la racine d'un mal qui tôt ou tard produira de nouvelles calamités. Ce sont les idées funestes de la Divinité qu'il faut éteindre chez les hommes, si l'on veut leur ôter pour toujours le pré-

(45) Rien de plus utile à l'Eglise que des héréfies, un Apôtre l'a dit ; les querelles des Novateurs absorbent communément les plus grands génies d'un pays, qui prennent parti pour ou contre. Ainsi les hommes les plus capables d'attaquer les erreurs de l'esprit humain & de la superstition, au lieu d'être utiles, deviennent des chefs de parti & perdent leur tems en disputes futiles. Quels biens n'auroient pas fait nos *Réformateurs*, si au lieu d'attaquer quelques dogmes ridicules de l'Eglise Romaine, ils eussent employé leur génie à démolir le Christianisme, qui depuis tant de siecles fait le malheur des nations Européennes ! Quels services n'auroient pas pu rendre à la raison humaine des hommes tels que Luther, Calvin, Mélanchton, Erasme, &c !

texte de ſe nuire : la raiſon ne pourra jamais ſe faire entendre d'eux tant qu'on leur dira de la ſoumettre à l'autorité de ces Dieux qui n'eſt que celle des interpretes de leurs décrets ; ceux-ci ne leur font parler que le langage de leur propre délire ou de leur propre intérêt.

Ce n'eſt pas non plus la raiſon ni l'amour de la vérité, ni le deſir ſincere de ſoulager les peuples & de leur procurer le bien-être, qui arment quelquefois les Princes contre la Religion : s'ils font divorce avec elle c'eſt lorsqu'elle s'oppoſe à leurs paſſions, à leurs intérêts, à leurs caprices. Ce ne fut pas l'idée de rendre plus heureux nos ancêtres qu'il tyranniſoit qui détermina Henry VIII. à ſecouer le joug de la Religion Romaine, devenue depuis tant de ſiecles ſi fatigante pour eux. Ce fut le deſir de jouir d'une femme que cette Religion lui défendoit d'épouſer. La Nation Britannique débarraſſée d'une ſuperſtition onéreuſe crut envain reſpirer en faiſant des changemens à ſes opinions religieuſes toujours entées ſur le ſyſtême ancien ; la Religion parmi nous ſe partagea en des ſectes différentes, qui donnerent lieu par la ſuite à de nouvelles guerres, & qui nous couterent des torrens de larmes & de ſang. C'eſt par le Dieu jaloux

& dévorant que l'on doit commencer la réforme de la Religion ; tant que les hommes regarderont un tel Dieu comme l'arbitre de leur ſort, ils s'en occuperont néceſſairement, leur eſprit fermentera ſur ſon compte, ils en diſputeront ſans fin, ils ſe battront pour leurs opinions, qu'il croiront importantes.

On conviendra, peut-être, que dans toutes les Religions les Prêtres n'ont donné que des idées abſurdes & fauſſes de la Divinité ; mais qui peut ſe flatter d'en avoir des idées véritables ? qui pourra ſe vanter de connoître ſon eſſence ? Le parti le plus ſage ne ſeroit-il donc pas de n'en jamais parler ? Ne voit-on pas que les hommes ne ceſſeront jamais de ſe quereller ſur un objet dont ils n'auront jamais des idées ni préciſes ni uniformes ? Que ſera-ce s'ils ſe perſuadent qu'un Dieu s'intéreſſe à leurs argumens ridicules, & ſe fâche contre ceux qui raiſonnent mal de ce qu'il ne leur eſt point donné de ſçavoir ?

La Théologie ſera toujours une ſcience de conjectures, ſur leſquelles les mortels ne peuvent être d'accord ; s'ils veulent parler des Dieux, ils devroient au moins les ſuppoſer aſſez ſages pour ne point ſe mêler de leurs diſputes inſenſées, aſſez grands pour ne point s'allarmer de leurs opinions enfantines, aſſez juſtes pour ne point leur ſçavoir mauvais gré d'avoir déraiſonné ſur des objets impoſſibles à comprendre. (46)

Faute de ſentir la néceſſité des maux que le Dieu bizarre de notre ſuperſtition moderne devoit néceſſairement produire, les ſpéculateurs, qui en des tems différens ont prétendu la réformer ou la rapprocher du bon ſens, n'ont fait qu'élaguer & rajeunir un vieil arbre, prêt à reproduire en tout tems des rejettons funeſtes & des fruits empoiſonnés ; ils ont greffé ſur des menſonges un petit nombre de vérités ſtériles. D'accord ſur les dogmes fondamentaux d'un ſyſtême nuiſible, les Prêtres des différentes ſectes diſputerent ſur des abus & des queſtions acceſſoires, ſur des ſophiſmes, des cérémonies, des détails ridicules. Dominés eux-mêmes par des paſſions & des intérêts étrangers à ceux de la ſociété, ou trop aveugles pour s'élever juſqu'à la vérité, ils n'eurent communément pour objet que de nuire à leurs adverſaires, de

(46) „ C'eſt aſſez, dit Théophraſte, de permettre au „ peuple d'être ſot ſans ſouffrir qu'il devienne une bête „ féroce... que l'on donne cours à ſa folie mais qu'on s'op- „ poſe à ſa fureur". Dans toutes les révolutions & les ſéditions cauſées par la Religion, on ne voit que des dévots imbéciles conduits par des fripons hypocrites.

s'élever sur leurs ruines, de faire valoir leurs propres opinions, & de décrier celles des Théologiens qui ne pensoient pas comme eux. Le sacerdoce, sous quelque forme qu'il se soit montré, n'eut jamais que ses intérêts en vue. L'orgueil, la jalousie, l'avarice & l'ambition diviseront toujours les membres d'un corps dont l'existence ne se fonde que sur l'aveuglement des nations, dont ils disputent les dépouilles.

Ainsi les différentes réformes que l'on fit dans la Religion ne firent que multiplier les querelles, les combats & les miseres des peuples : les prétendus *réformateurs*, fiers d'avoir découvert quelques abus, quelques erreurs, quelques fraudes grossieres, les retrancherent & bâtirent des systêmes nouveaux sur des fondemens ruineux. Au lieu d'examiner des révélations mensongeres, au lieu de rejetter avec mépris des livres sacrés ou ces recueils de fables révérées, de dogmes contradictoires, de mysteres incompréhensibles, d'ordonnances opposées à la nature & à la raison, ces vains spéculateurs ne s'occuperent que de commentaires, de distinctions, de subtilités; & les nations n'en furent que plus malheureuses par les dissentions nouvelles,

les persécutions, les tyrannies auxquelles ces idées discordantes donnerent lieu à chaque pas. Quelles que fussent ses opinions, le Prêtre trouva toujours, soit dans les souverains, soit dans les sujets, des esprits disposés à entrer dans sa querelle; ses décisions importantes furent toujours soutenues par le fer & par le feu. Se trouva-t-il opprimé, foible, persécuté? il prêcha la tolérance, la douceur, la liberté de conscience. Devint-il le plus fort pour avoir mis les puissances de son côté? il ne parla que de zêle, de vengeance & d'exterminer les ennemis du Seigneur (47). Par un aveuglement qui tient du prodige, ses inconséquences les plus marquées ne furent jamais senties; ses passions furent toujours écoutées, le repos des nations lui fut toujours sacrifié.

Si dans ces combats des sectes les unes contre les autres le masque de l'imposture fut quelquefois forcé de tomber, les peuples ne s'en apperçurent jamais. Le bandeau de l'opinion recouvrit bientôt leurs

(47) Dans tous les schismes & démêlés sur la Religion les parties disputantes ont communément le secret d'avoir tort de part & d'autre. Toute secte est rampante quand elle est foible, & quand elle est forte elle veut tout envahir. Les Anabatistes, qui ont été les devanciers de nos paisibles *Quakers*, ont mis autrefois l'Europe en combustion.

paupieres, parce que jamais l'on n'eut le courage de l'écarter tout-à-fait. Malgré les révolutions continuelles dont la Religion fut le germe, elle fut toujours *militante & triomphante*, elle eut toujours le crédit de faire immoler ſes ennemis à ſon Dieu ou à ſa propre ſûreté ; elle infecta les Rois ; elle enivra les ſujets, elle porta l'incendie & le trouble dans le ſein des Etats. Si les nations rougiſſent quelquefois des frénéſies de leurs ancêtres, elles ne voient pas qu'à chaque inſtant elles ſont elles-mêmes prêtes à tomber dans des excès également dangereux : elles ne ſentent pas que l'éducation fanatique qu'on leur donne, l'aveuglement & l'ignorance de la morale où on les tient, les préjugés qu'on leur inſpire, les haines religieuſes dans leſquelles on les nourrit contre tous ceux qui ne ſe conforment point à leurs cultes, les injuſtices & les mépris que l'on fait éprouver aux ſectaires, les richeſſes & le pouvoir immenſe qu'on accorde par-tout à des Impoſteurs autoriſés à infecter les peuples & à dominer les conſciences, enfin les paſſions toujours indomptées des Prêtres, peuvent à tout moment faire éclore de nouvelles extravagances & de nouvelles tragédies.

Il s'eſt trouvé de tout tems des hommes qui ont réclamé plus ou moins fortement contre les abus & les excès de la ſuperſtition, mais très-peu ont oſé l'attaquer dans ſa ſource ; & d'ailleurs que pouvoit leur foible voix contre les cris du ſacerdoce, les menaces de la Tyrannie, les préventions de la multitude toujours eſclave de l'habitude & du préjugé. Comment propoſer des remedes à des malades parvenus à chérir leurs maux, à les regarder comme utiles & nécéſſaires, & prêts à détruire leurs médecins? Les priſons, la cigue, les bûchers furent communément les récompenſes dont on paya le zêle de ceux qui voulurent rompre le charme: leurs concitoyens, ſemblables à ces oiſeaux de nuit pour qui le jour eſt incommode, s'élancerent avec furie ſur les mortels bienfaiſans qui leur préſentoient des lumieres peu faites pour des yeux accoutumés aux ténebres.

L'Autorité ſouveraine fut elle-même obligée de reculer cent fois devant les forces de la ſuperſtition. Les Princes éclairés qui lui ont marqué de l'indifférence & du mépris, en furent communément punis par le fanatiſme irrité qui ne veut point qu'on dédaigne les objets de ſa vénération.

C'eſt en vain que des Rois ſages, fatigués des excès de la ſuperſtition, ont voulu réprimer & dompter ce monſtre, il trouva le moyen d'éluder leurs coups, l'hydre montra toujours des têtes renaiſſantes; ſemblable à cet inſecte étonnant qu'on voit ſe multiplier ſous le couteau qui le diviſe, la chimere mutilée produiſit de nouvelles chimeres. Cela devoit, ſans doute, arriver; temporiſer avec le mal ce n'eſt point le détruire. Il n'eſt qu'un remede contre l'erreur, c'eſt la vérité. Mais les Tyrans, ainſi que les Prêtres, en furent toujours les ennemis; les Souverains les mieux intentionés crurent cette vérité dangereuſe à leurs peuples, ils ne s'apperçurent point qu'elle ne peut nuire à leur pouvoir quand ils voudront ne l'employer qu'à faire des heureux; l'erreur ſacrée & ſes preſtiges ne ſont néceſſaires qu'aux impoſteurs ou aux Princes ignorans & pervers qui veulent tromper les hommes & les aſſervir à leurs paſſions; mais ces paſſions deviennent tôt ou tard fatales à des inconſidérés, qui ſont communément les premieres victimes de la ſtupidité des peuples. Nul Prince n'eſt intéreſſé à devenir Tyran. (48)

(48) *Ad generum Cereris ſine cæde & vulnere pauci*
*Deſcendunt Reges, & ſiccâ morte Tyranni.*
JUVENAL. SATYR. X.

Souverains des Nations! régnez par la justice, la morale, & les loix, & vous régnerez sans les Prêtres. Vous n'aurez pas besoin des secours du mensonge pour gouverner des hommes, que vos soins vigilans rendront véritablement heureux. Vous n'aurez point à craindre que la vérité souleve des sujets, à qui la raison fera sentir le prix de vos bienfaits. Soyez grands, actifs, bienfaisans, équitables; respectez la liberté & les possessions du citoyen; ne souffrez point qu'on l'opprime en votre nom; donnez-lui des loix utiles & sages; faites qu'on lui forme le cœur; qu'on lui inspire de bonne heure des talens & des vertus réelles; récompensez fidélement ces talens & ces vertus; que le vice soit déshonoré & le crime puni partout où ils se trouveront, & bientôt votre Empire, fondé sur des idées véritables, sera plus solide que celui qui se fonde sur des mensonges & sur de vains préjugés. Princes! soyez Citoyens. Citoyens, choisis par les autres pour les guider, que votre cœur soit plus flatté de la gloire si douce de commander à des amis, à des hommes libres, à des patriotes actifs, industrieux, éclairés & vraiment vertueux, qu'à des ennemis, aigris par la captivité, engourdis, par la misere, dépourvus de lumieres & de mœurs, dont l'unique vertu est d'obéir aveuglément à des Prêtres, rivaux de votre pouvoir. Armez-vous enfin d'une juste défiance contre des hommes altiers dont les intérêts ténébreux ne seront jamais les votres. Tremblez à la vue des avantages inouis dont jouissent des Citoyens qui ont le droit de se révolter & de nuire au nom du ciel; arrachez de leurs mains ces armes si souvent dangereuses à vos pareils; faites rentrer les Nations dans ces possessions depuis tant de siecles usurpées par la fraude; que les richesses de l'imposture si longtems employées à payer l'ignorance, l'orgueil, l'oisiveté, soient enfin appliquées à l'instruction des peuples. Que vos sujets n'apprennent plus à se haïr, à s'égorger, à se soulever pour des opinions. Qu'ils apprennent à être justes, humains, bienfaisans, modérés; qu'ils apprennent à servir la Patrie & les chefs qui la rendront heureuse. Qu'ils apprennent de bonne heure à respecter la raison & la nature qui jamais ne leur conseilleront d'être séditieux & méchans.

Si la force de l'habitude a rendu les illusions cheres à vos peuples, permettez à la ſcience de ſapper l'empire du fanatiſme; tenez une balance egale entre les ſectes; n'entrez jamais dans leurs querelles indifférentes, que le poids de l'autorité rendroit trop ſérieuſes. Souffrez que chaque Citoyen ſpécule à ſa maniere pourvu qu'il agiſſe toujours conformément à la raiſon. Ainſi les Gouvernemens ſeront les vrais guides des peuples; ces peuples ſeront ſoumis pour leurs propres intérêts à un pouvoir que tout leur prouvera néceſſaire à leur bonheur. Légiſlateurs! gouvernez bien des hommes, heureux & libres, & les Dieux ſeront toujours propices à vos ſujets: quelles que ſoient leurs opinions, elles ne ſeront dangereuſes que lorsqu'on voudra les gêner. (49)

Pous vous, Tyrans aveugles & méchans! qui dépourvus de raiſon, d'éner-

(49) Un Gouvernement ſenſé ne peut pas ſe propoſer de guérir tout d'un coup toute une Nation de ſes préjugés religieux, mais il peut, & il doit empêcher que ces préjugés ne deviennent nuiſibles; il y parviendra ſurement en ne ſe mêlant jamais ni des diſputes des Prêtres ni des opinions des citoyens, & en puniſſant quiconque troublera le repos des autres ſous prétexte de leurs opinions. Quand la façon de penſer ſur la Religion ſera auſſi libre que la façon de penſer ſur les ſciences, telles que la Phyſique ou la Géométrie, l'on n'aura point à craindre que la Théologie excite dans l'Etat des ſecouſſes plus dangereuſes que les diſputes ſur ces objets, qui jamais n'intéreſſent la tranquillité publique.

gie, de vertus, ne vous ſentez point capables de régner ſans le ſecours des Prêtres, & de leurs illuſions : vous ! dont le lâche cœur ne ſait commander qu'à des eſclaves abrutis ; vous ! dont la puiſſance, ainſi que celle de la ſuperſtition, n'eſt fondée que ſur la crainte, l'opinion & le preſtige ; gardez-vous de permettre que le moindre rayon de lumiere vienne élairer vos Etats engourdis : tenez vos peuples enſévelis dans de profondes ténebres, dans une léthargie perpétuelle ; redoublez, s'il ſe peut, la nuit de leurs préjugés ; que la liberté ſoit bannie même de leur penſée ; que la vérité, toujours funeſte pour vous & déſolante pour eux, ne leur ſoit jamais montrée ; que la raiſon enchaînée, que la ſcience proſcrite, que la ſageſſe perſécutée, n'élevent point leurs importunes voix pour troubler le ſilence de vos triſtes contrées. Réprimez un courage qui oſe diſcuter les droits de vos Dieux ; craignez qu'il ne reſpecte pas plus vos titres uſurpés. Appellez donc la Religion à votre ſecours ; que ſes Prêtres ordonnent à vos ſujets de plier ſous votre joug & de baiſer vos chaînes ; mais ſongez que les oracles de leurs Dieux ſeront toujours plus forts que vos loix arbitraires. Cette Religion, dont vous empruntez l'aſſiſtance, tournera quelque jour contre vous-mêmes ſes armes terribles & ſacrées; vous n'aurez du pouvoir qu'autant qu'elle le voudra; vos ſujets, rendus vos ennemis par vos vexations, n'héſiteront point entre elle & vous; ſes Prêtres vous précipiteront du trône auquel ils vous auront élevés, dès que vous refuſerez d'être leurs premiers eſclaves.....

La Tyrannie & la Superſtition ſont deux monſtres auxquels la félicité de nul Empire ne peut jamais réſiſter quand ils combinent leurs efforts; mais ſi leurs intérêts ſe ſéparent, la ſuperſtition triomphera tôt ou tard du Tyran ſon ouvrage. Régente impérieuſe elle ne permet aux Princes d'être méchans, qu'à condition de les tenir en tutele & de diriger leurs coups: Sans cela bientôt marâtre elle méconnoît ſes enfans.

Les Tyrans ſont des enfans capricieux, gâtés par la ſuperſtition: uniquement occupés des vains jouets de leur enfance, ils ſacrifient à leurs fantaiſies paſſageres leur vraie gloire, leur bonheur ſolide, leur propre ſureté. Ils veulent que leurs ſujets aveuglés ſoient guidés par des Prêtres aveugles, qui conduiront toujours & le Souverain & le Peuple dans des abîmes dangereux.

C'eſt pour ſe rendre heureux dans le monde actuel que les hommes ſe ſont mis en ſociété; c'eſt pour y vivre tranquiles & ſûrs qu'ils ont choiſi des chefs, formé des Gouvernemens, reconnu l'autorité des Loix qui les forçaſſent de conformer leur conduite à la raiſon, à l'intérêt général de leurs Aſſociés. Ils n'ont jamais pu ni voulu ſoumettre leur penſée à l'autorité de perſonne; vouloir l'enchaîner ou la rendre uniforme, c'eſt de tous les attentats le plus extravagant: la penſée ſera toujours auſſi libre que l'air, auſſi incoërcible que les vents.

La juſtice, la raiſon, la vertu, les talens peuvent ſeuls affermir les trônes des Souverains & la proſpérité des Empires. Sans juſtice, point de ſûreté pour les Gouvernemens ni de liberté pour les citoyens: ſans liberté, point de raiſon, ni de lumieres, ni d'activité; ſans raiſon, point de mœurs; ſans lumieres & ſans mœurs un Etat ne peut être ni heureux ni puiſſant.

FIN.

www.ingramcontent.com/pod-product-compliance
Lightning Source LLC
LaVergne TN
LVHW010604110826
845149LV00003B/770

* 9 7 8 2 0 1 3 0 1 6 2 8 5 *